U0140647

# 变好的方法

### 如何把自己变成你想成为、你能成为的人

## ABOVE THE LINE

Stephen Klemich & Mara Klemich

［澳］史蒂芬·克莱米克　［澳］玛拉·克莱米克　著

王敏　译

天地出版社
TIANDI PRESS

图书在版编目（CIP）数据

变好的方法 /（澳）史蒂芬·克莱米克，（澳）玛拉·克莱米克著，工敏译.— 成都·天地出版社，2023.6（2023年12月重印）
ISBN 978-7-5455-7629-0

Ⅰ.①变… Ⅱ.①史… ②玛… ③王… Ⅲ.①自我完善化—通俗读物 Ⅳ.①C912.1-49

中国国家版本馆CIP数据核字（2023）第034114号

ABOVE THE LINE: Living and Leading with Heart, Copyright © 2020 by Stephen and Mara Klemich.
Published by arrangement with HarperBusiness, an imprint of HarperCollins Publishers.
Simplified Chinese language edition © Beijing Huaxia Winshare Books Co., Ltd.
All rights reserved.
著作权登记号　图字：21-2023-084

BIAN HAO DE FANGFA

# 变好的方法

| | |
|---|---|
| 出 品 人 | 杨　政 |
| 著　　者 | ［澳］史蒂芬·克莱米克　［澳］玛拉·克莱米克 |
| 译　　者 | 王　敏 |
| 责任编辑 | 孟令爽 |
| 责任校对 | 张月静 |
| 封面设计 | 金牒文化·车球 |
| 内文排版 | 麦莫瑞 |
| 责任印制 | 王学锋 |

| | |
|---|---|
| 出版发行 | 天地出版社<br>（成都市锦江区三色路238号　邮编：610023）<br>（北京市方庄芳群园3区3号　邮政编码：100078） |
| 网　　址 | http://www.tiandiph.com |
| 电子邮箱 | tianditg@163.com |
| 经　　销 | 新华文轩出版传媒股份有限公司 |

| | |
|---|---|
| 印　　刷 | 玖龙（天津）印刷有限公司 |
| 版　　次 | 2023年6月第1版 |
| 印　　次 | 2023年12月第2次印刷 |
| 开　　本 | 880mm×1230mm　1/32 |
| 印　　张 | 8.75 |
| 字　　数 | 290千字 |
| 定　　价 | 59.80元 |
| 书　　号 | ISBN 978-7-5455-7629-0 |

几年前，我应邀在一家客户位于得克萨斯的全球总部发表演讲，与高层管理团队分享我的向心领导理论。演讲结束后，CEO 给我介绍了两位朋友。在过去三十年中，他们极大地推进了这家跨国公司企业文化的发展。当时我并不知道，这两位朋友不仅会成为我终生的良师益友，还会改变我的职业生涯和个人生活。

三十多年来，史蒂芬·克莱米克和玛拉·克莱米克一直致力于帮助人们发现最好的自己。他们多次观察到，人们会被自己的恐惧所困，且无法意识到自己内在的惊人潜力。史蒂芬和玛拉琢磨着，如果他们能分享一些智慧，帮助人们真正理解是什么在驱动他们的行为模式，那会不会有所助益？

十八年来，他们深入研究、考察，找出了人们行为背后的原因。当人们与爱分离、失去"真我"带来的安全感时，他们会怎么样呢？当人们抛弃那些保护自我、抬高自我的应变策略时，会发生什么呢？如果人们的行为不再出于保护自我或抬高自我，那么他们的人际关系、晋升机会、领导能力、管教子女的方式和企业文化，又会发生什么变化呢？

他们的目标是设计一种工具，让人们直观理解的东西变得更加清晰明朗。人们的行为受到人生四大普适法则的驱动，即基于勇敢的谦逊、成长驱动的爱、自我驱动的骄傲和自限性的恐惧。经过多年的统计和分析，他们研发了心灵风格测试，改变了游戏规则。

史蒂芬和玛拉已经看到：这四大普适的人生法则适用于各种文化和信仰体系。从首席执行官到基层员工，他们一次又一次地目睹了这种情况：当一家企业将这种智慧引入企业文化中，就能产生积极影响，使他们的员工更敬业、更投入，销售额、员工保有率、客户满意度都会出现令人惊讶的大幅增长。这四大普适的人生法则不仅适用于个人生活，也适用于职场，并涵盖运动、教育、家庭和商务等不同领域。

史蒂芬和玛拉的书，开篇就会给你带来焕然一新之感。我们有充分的理由期待这一点。当你读到这本书的时候，已经有超过 10 万人参加了"心灵风格"（Heartstyles）项目。现在它已被翻译成了 25种语言，由俄罗斯、中国、罗马尼亚、印度等世界各国通过认证的培训师，在不同的文化、经济和信仰体系中传授，因为它关心的是如何做一个人的问题，书中阐述的四大普适法则是真正普遍适用的人生法则。

在过去的两年中，我曾两次邀请史蒂芬和玛拉在我们一年一度的"向心领导者"静修会上分享他们的"心灵风格"理论。我目睹了"心灵风格"对领导者个人和各种规模的企业文化产生的影响，还亲眼见证了"心灵风格"体系对我的人生、婚姻、家庭和同事关系产生的影响。史蒂芬和玛拉不仅是大师级的培训师，也是我见过的最真诚、最诚恳的人。

我相信，史蒂芬和玛拉的著作、研究和心灵风格测试工具将在全球企业中掀起一场心灵革命。我相信，我们都有可能跌至"线下"，生活在恐惧中，以自我为中心。但是，向心领导者会要求自己本着爱和谦逊，在"线上"生活、在"线上"领导。

我们将一起踏上这段旅程，让我们一起开启这场心灵革命吧！让我们成为最好的自己，这样我们才能对他人产生积极的影响。

汤米·斯波尔丁，《用爱去赢：向心领导力》

# Preface 前言

## 说说人的心灵

　　2000 年，悉尼举办奥运会开幕式的那一天，成千上万的人里三层、外三层地站在道路两旁，看着奥运火炬离他们越来越近，接着在几秒钟后同他们擦肩而过。当火炬手高举奥运火炬走过时，人们的欢呼声、掌声更响亮了，大伙热情高涨。那一刻，种族、宗教和国别——这些似乎都变得不重要了，人心被奥林匹克精神凝聚在一起。观众们礼貌而友好，与素昧平生的陌生人愉快地交谈着，沉浸在令人振奋的气氛中。火炬的传递，就像团结的精神在传递。每位火炬手跑完自己的那段路程，用自己手中的火炬点燃下一位火炬手的火炬，彼此拥抱、击掌，跳起欢快的舞蹈。结束自己使命的火炬手，被兴奋的家人和朋友们簇拥着，离开人群去庆祝了。火炬手们能保留手中的火炬（他们买下火炬是为了筹集慈善资金），这在奥运史上还是第一次。大家都想触摸一下火炬，似乎摸摸火炬就能把那种振奋进取的精神传递给自己。这一幕真令人陶醉。

　　史蒂芬非常幸运，他被选为在开幕式那天传递火炬的选手之一。当圣火被传递到奥林匹克体育场后，凯瑟琳·弗里曼将点燃主火炬。史蒂芬有幸参与传递人类精神、维系人类纽带的过程，这是很多人无法体验到的人生经历。在那一天，人们的心是凝聚在一起的。但随着人群逐渐散去，人们回归自己的日常生活后，那种振奋进取的精神和团结一致的情怀，很快就烟消云散了。在一片喧嚣中，人们挤出人群，回到自己车中，驶离拥堵不堪的路段。从耐心、礼貌变得急躁、懊丧，我们转变得多么快啊！前一分钟，我们还在为奥运会和人类的团结欢呼鼓掌；后一分钟，我们就开始不耐烦地大声嚷嚷，因为我们都遇上了交通拥堵，而我们急着赶赴目的地。在这两种情况下，我们的心——我们的本质和核心，经历着从喜悦到沮丧的转变。

在你的内心深处有一条线，一条非常细的线，很多时候你甚至没有意识到它的存在。然而，在我们的人生中，我们却在这条线的上下起伏摇摆。我们的心——我们的性格，能飞快地从这条线的一端移到另一端。

奇妙的是，我们最好的自我，就存在于我们体内，存在于我们的 DNA 中，存在于我们的内心，存在于我们的性格中。作为人，我们可以在我们的家庭、我们的工作场所、我们的运动队中营造积极、和谐的环境。我们也可以创造一种奥林匹克精神——只要我们改变心态，进而改变我们的思维、我们的行为，就会让世界变得更美好。

我们所说的"心"，指的是人性中最深层的表达中心，在那里你能感受到爱、恐惧、焦虑、兴奋、愤怒、抑郁——这些层次丰富、常常彼此冲突的人生体验。心灵是我们各种情感的守护者，是智慧的源泉，是我们价值观和精神世界的最深层的储藏地。我们的外在行为是我们的心灵内在现实的表现。

当我们得知心灵是我们各种欲望的发源地和中心时，我们就会意识到，它会产生各种要素，是引导我们人生的"原材料"。我们的理性思维会解构心灵的信息，权衡各种选择，分析事实，并形成一系列似乎从社会层面和逻辑层面可以接受的指导策略。但是，我们的各种行动和行为就像蛛丝马迹，最终彰显了我们内心的愿望和信念。

心是能发现、觉察并释放你真实的自我——你最好的自我构成的黄金宝藏——的地方。当你在这条线之上跋涉时，我们将成为你的登山向导，带领你登上人生的巅峰，为你和你身边的人找到你心中的黄金。本书会带你做好准备，让你超越自我，发挥潜力，成为你知道你可以成为的那一种人。

当然，人生的这条细线隔开了"线上"和"线下"。线的一边是我们所说的"内心的线上"，在那里，基于勇敢的谦逊和成长驱动的爱让我们展现出最好的自己。而线下的另一边则被自限性的恐惧和自我驱动的骄傲所占据，尽管我们本意并不坏，却把我们和其他人最坏的一面暴露了出来。在转瞬之间，我们每个人都可能会从线的一边移到另一边，哪怕我们说的是同一句话，表现出同一个行为或做出同一个动作。

$$\frac{基于勇敢的谦逊 + 成长驱动的爱}{自限性的恐惧 + 自我驱动的骄傲}$$ 人生天际线

在理智上、直觉上，其实你早就发现了这条线的存在。我们曾要求参加我们项目的受试者拿一张纸，在这一张纸的中间画一条横线，然后在横线的上下分别填上他们认为属于"线上""线下"的行为。每次我们都能看到，他们在纸上填满了两种不同的品格特质。"线上"的特质包括善良、同情、慷慨、接纳，"线下"的特质则包括攻击、敌意、逃避、责备。这些参与者的性别、年龄、职业或国籍各不相同，但他们都可以本能地理解我们的用意所在。

你也许会感到惊讶，这种测试竟能如此顺畅地进行。但你也可能会注意到，即便你下意识地掌握了这些知识，也并不意味着你能按照这样的方式生活。你想采取的行动和你最终采取的行动并不一致，这让你不禁思考：

我为什么总这样做？为什么每一次都会这样做？

为什么我总觉得，最好的自己在和最差的自己打架？

我和我周围的人究竟在经历什么？

我们俩穷尽一生的时间，试着与世界各地的团队和个人一起回答这些问题。经过三十年的学习、指导、实践和研究，我们发现了一个永恒不变的真理。这些"线上"和"线下"的行为，基于人生的四大普适法则：谦逊、爱、骄傲和恐惧。

听起来很简单，对吧？但是，在这个世界上，我们经常出于消极的恐惧和负面的骄傲而行事。所有人都会发现：自己为了应付日常生活会跌至"线下"，让自己变得毫无效率。

美妙的是，我们注定了能成就一番伟业，生来能够在"线上"过一生。无论是生活、工作、教育子女，还是处理人际关系、经商、和家人相处、参加竞技体育，我们都能成为最好的自己。当然，我们能给别人、给我们周围的世界带来不同。

我们真正想说的是性格。生活在"线上"，能塑造并磨炼我们的性格，让我们更好地管理生活；而生活在"线下"，会让我们忙于思考各种应变策略和防御策略。虽然这些策略也可能给我们带来一种安全感，但它们实际上并不能塑造我们的性格，而是给了我们一种虚假的安全感。

我们的内心充满了美好的渴望和梦想，所以，当我们受到刺激去背叛那些美好的渴望和梦想时，我们会倍感沮丧。每一个严厉的回应、每一句尖酸刻薄的话、每一个不够诚实的时刻，都会让我们后悔不已，希望能重新来过。如果我们的人生中也有一个电脑上的 Ctrl+Z（撤销）功能，不是很好吗？我们每个人都曾说过或想过："我真的可以处理得更好。"那么问题来了——哪怕这个问题只是潜意识中的："为什么我没能改过来？为什么我上周、上个月、去年又重蹈覆辙了呢？"

这些年来，我们无数次听到过这样的问题，提问者中有 70 岁的老者，也有 17 岁的少年。在工作会议中、在餐桌旁、通过电子邮件或短信——他们发问的场合虽然不同，但这些人都很沮丧、很困惑。他们对自己的行为或家人、朋友和同事的行为感到困惑。他们告诉我们：

- "我希望能对老板说'不行'，但是我又说了一遍'好的'，我已经筋疲力尽了。"
- "有几个同事告诉我，他们认为我的讽刺很刻薄，但我只是在开玩笑而已。我不明白问题出在了哪儿。"
- "自从我和姐姐那晚打保龄球时为她搭档的实力问题争吵起来，姐姐已经一年没跟我说话了。我想念她。"
- "我想和我的孩子们度过一个愉快的夜晚，但在大多数晚上，我们都会因一些事情而怄气。"
- "我没办法和我团队中的几个人沟通。如果他们再不进步，我只能让他们离开，但他们似乎就是不明白。"

欢迎来到分界线。在这里，你最好的一面常常与最坏的一面进行较量。我们的社会、工作和生活压力会把我们的性情拉到"线下"，而我们真实的自己——内在崇高的品格，会把我们拉回"线上"。这就是人生中的正向作用力和反向作用力。当你看到、界定并学会如何掌握这种正向作用力的时候，你的人生就会受它的主导。然而，我们完全可能会习惯于受到反向作用力的左右，那么我们的心就会变得麻木不仁，而我们低效的性格和行为就会对别人产生负面影响。我们可能会屈服于压力和紧张，变得一触即发，导致我们做出过激的反应，而我们其实并不想这样做。

每一本关于成功习惯的书都会告诉你，我们总是可以选择如何应对或做出反应。然而，我们相信，除非你能认识到你为什么会那样做，以及你的心灵和大脑如何共同作用来塑造你的行为，否则你很难做出不同的选择。我们希望这本书能引导你理解其中的原因，并帮助你找到自己问题的症结所在。

## 我们都是"多面体"

完美主义是一种自我毁灭、使人沉迷的信念，它带来了这样的基本思路：如果我看起来很完美，把每件事都做得很完美，我就能避免遭人羞辱、遭人议论和受人责备的痛苦，或尽量少受这样的痛苦。

——布琳·布朗，《脆弱的力量》

无限友好与充满敌意、温柔随和与暴躁易怒、热情和冷漠……人类是非常矛盾的生物。没有一个人是十足的好人或坏人、百分之百都是爱或百分之百都是自我，我们会表露出各种品格。我们可以在同一天、同一小时，甚至在说同一句话时跌至"线下"或居于"线上"。这就是我们所说的"多面"的力量。

我们都是"多面体"，因为我们都在成长的过程中。成为我们常常希望成为的人——你猜可能吗？这是可能的，但是，这是一段旅程。"旅程"这个词已经被人们用了很多年了。然而，人生确实是一段旅程！在这段旅程中，我们最好的自己和表现欠佳的自己共存。我们都知道，有些人在一种情境下会变得非常令人讨厌、麻烦、可怕（让我们自己面对现实吧，我们自己也是如此），这就是原因。然而在另一种情境下，他们也会变得乐于助人、温和善良、体贴入微。我们都是"多面体"——如果你以这种方式看待自己和他人，你就会更谅解自己和他人，更有风度、更有耐心、更加宽容，因为我们都走在这条人生路上。

不久前，我们听到了一个关于"多面体"力量的故事。两对接受过我们培训的夫妇一起去滑雪度假。在最初的三天里，其中一个男人不停地美化、包装自己，无论别人聊什么，他都不关心，对另一对夫妇不闻不问；他总是打断别人的话，把话题转回自己身上。对他而言，那三天中只有"我""我""我"，而没有"我们"。

最后，在吃晚饭时，另一个男人沮丧地说："好吧，伙计，我们知道你是最重要的。这三天你一直在谈论你自己、你的事业、你的生活。"这个男人那讥讽的语调如同向那位健谈的先生泼了一盆冷水。于是，大家都早早上床睡觉了，内心五味杂陈。两位妻子都在睡前说道："晚餐时聊得太尴尬了！"

第二天早饭时，那位健谈的先生来到餐桌前道歉。他承认，前一天晚上对方的话冒犯了他，但他意识到，对方说得没错。最近他在工作上遇到了一些难题，使他对自己不太自信了。因此他有点儿爱吹嘘自己，他知道他们会鼓励他。他承认他太自我陶醉了，所以一直在说自己的事。这时，对方插话说："老兄，我昨晚对你出言不逊、讽刺挖苦，而不是更加真诚地问你发生了什么事，这可真是有失水准。我早该意识到，平时你那么体贴周到，这次却变了模样，你心里肯定藏着什么事。我了解你的内心，这不是平时的你。"于是，他俩拥抱了一下后开怀大笑：在巨大的压力之下，友谊的小船说翻就翻，有时这条分界线是多么薄弱啊。


## 勇气不代表内心没有恐惧

原本可以活得更精彩，却安于现状、得过且过，这样的生活毫无激情可言。

我懂得，勇气不是没有恐惧，而是战胜恐惧。勇者不是感觉不到害怕的人，而是克服自身恐惧的人。

——纳尔逊·曼德拉

有一个年轻人，他曾经拥有坚定的信仰。但他受到了同伴的排斥，在巨大的压力下，在恐惧的驱使下，他相信攻击性的行为是带来改变的唯一途径。由于参与暴力的政治抗议活动，他被关进了监狱。近三十年来，他在监狱里备受煎熬，忍受着最艰苦的环境。可以想象，当他最终被释放时，他（不再年轻）一定想要复仇，报复那个折磨他的政权，但他并没有这样做。相反，他带着人格的力量——谦逊和爱，走出了监狱的大门。他没有用自己的力量去报复折磨他的政权，而是选择领导民众、领导一个国家走向和平。你一定猜到了，这个人就是纳尔逊·曼德拉。

纳尔逊·曼德拉在监狱里经历了什么？在那漫长的岁月里，他的内心发生了什么变化？他如何能从用攻击性和愤怒去领导民众，转变为用勇气、谦逊和爱去领导民众？

纳尔逊·曼德拉走在一条细线上。这条细线是种族仇恨和博爱众人之间的界线，是消极的、攻击性的方式方法和谦逊自信的方式方法之间的界线，是为自我寻求权力和为国家争取权力之间的界线。

我们每个人心中都有一个纳尔逊·曼德拉，我们都有改变现状的强烈愿望。

我们可能会被禁锢在自我限制的恐惧的堡垒里，也可能被禁闭在自我驱动的骄傲的监狱中。我们可以选择走出这座堡垒或监狱，转向基于勇敢的谦逊和成长驱动的爱，驾驭我们的性格。

你也许无意成为曼德拉，无意改变一个国家的命运，但是如果你能站在这条人生天际线之上，毫无疑问，你会改变你周围的世界。有时，这仅仅意味着：和你的母亲处理好关系；在高压力下管理好你的团队；不对挡路的司机猛按喇叭；或者不在食品杂货店和买了 12 件以上商品却试图在快速结账通道排队的顾客吵架。

本书的原名是《人生的四项普适法则》。谦逊、爱、骄傲和恐惧——这些法则不仅根植于古代智慧，而且与现代神经科学的发现不谋而合。我们十八年来的研究可以概括为一种行为哲学：理解行为背后的逻辑，并参悟用心灵去生活、用心灵去领导的真谛。随后，我们开始研究这四大法则所表现出来的行为，并将它们形成一个模型——心灵风格测试工具（Heartstyles Indicator），现在在全球共有 25 种语言版本。我们已经看到，这种哲学已被传授给全球各行各业的朋友，从公司董事会会议室中的首席执行官，到偏远地区的一线工人，再到非洲偏远村落的村长（没错，这是真的！）。这四大法则既是普适的，又是永恒的。

在本书的第一部分，我们将带你了解"为什么"和"是什么"。这部分内容解释了为什么人们会有这样或那样的行为，以及"线上"行为和"线下"行为的样子，这样你就能识别它们，并配备"人生的指南针"。在本书的第二部分，我们将与你分享许多实操技能。

超过 10 万名受访者已经历了这个过程，并在他们的个人生活和职业生活中体验了卓有成效的"线上"行为。重要的是，你要知道，这个测试与你以前做过的个性测试是不一样的。它是人生测试，不是类型测试。它是一个性格成长工具，而不是一个性格档案。它描述了你的心态、你的思想、你的行为、你现在的生活状态，并建立了未来理想人生状态的标准，而不是根据你的个性特征给你贴上一张静态的标签。

"用心灵去生活，用心灵去领导"的理论，经历了一个很长的发展过程。到 1994 年初，我们已经花了好几年时间，为多家大型企业提供关于提升领导能力、促进团队发展和个人发展的培训。这些年的经历给我们带来了一个重要启示：我们看到的那些能够成长、能够进步的人，总是伴随着心态的改变开启这段旅程；而其他人即使认同他们学到的法则，也没有取得多大的进步。

人们在经历了一些创伤性事件后，往往会改变心态。比如，一个人被确诊为高血压后，终于下决心戒了烟；一家大型企业蒙受了巨大的财务损失，于是开始削减过度开支；或者，离婚的结局迫使夫妻双方开始好好反省自己，改变自己的行为。在那些时刻，我们意识到：锤炼性格、使人生更高效的能力，源于我们的内心。

在设计心灵风格测试初期，我们曾和一群瑞士高管坐在一起，为他们进行领导力培训。我们进行了一番哲学探讨，讨论是什么让我们人类与众不同，又是什么在驱动我们的行为。他们都是受过高等教育的成功人士，他们的人生背景、国籍和精神信仰各不相同。史蒂芬向他们描述了我们的研究、模型和行为哲学：我们每个人都受到四大普适／精神法则的驱动，它们分别是：谦逊、爱、骄傲和恐惧。他们都用自己的话表达了同样的意思："玛拉和克莱姆（史蒂芬的昵称），你们讲的内容挺特别的。我们都同意这个理论。它们都是普适的法则。我们也听过其他研究人类行为的理论，但最后还是你们的理论让我们豁然开朗。"他们一致认为，这四大普适法则跨越了不同信仰体系、文化、语言或世界观的障碍。从那天起，我们就开始明白：我们拥有了一个可以跨越所有文化的模型，于是我们开始研究、开发它。

我们都认为，"线上"的人生会带来成就感。当然，我们也一致认为，"线下"的人生也完全有可能获得成功。但一心向上爬、不惜任何代价参与竞争（这些是进攻性的策略），或避免任何冲突、分歧，可能会给一段人际关系或职业生涯画上句号（因为这些是消极的策略）。事实上，"线下"的一切都是谎言：别人对你说的那些谎言或你开始相信的那些谎言，是你获得成功或生存下来的唯一途径。从表面上看，在"线下"的世界中，进攻性的做法似乎可以奏效，尤其是在我们面临的激烈的竞争环境中。

还记得学校的操场吗？那些小霸王们是如何统治操场的？进攻性的做法似乎能给这些人带来某种权力感、地位感、安全感。同样，基于恐惧的消极策略似乎也能在很长一段时间内帮你避免麻烦。但从长远来看，这两种"线下"的策略都被证明是无效的。它们破坏了人际关系，甚至毁了我们的文化。它们还伴随着高昂的代价：离婚、疏远、痛苦、心碎，甚至冲突与对抗。因此，我们面临着一个选择，是选择"线下"的人生、"线下"的领导，还是选择"线上"的人生、"线上"的领导。

这本书将帮你转换视角，并帮助你理解人们内心及其行为。

我们将向你展示，在个人生活和职业生涯中，如何驾驭"线上"与"线下"的分界线，以及如何应对生活中的变化和挑战。我们将助你理解你和别人正在经历的事情，以及如何应对这个高效率、快节奏的世界给我们带来的各种压力。我们将提供一个框架和一种语言，让你能够辨别人的行为，使你能更从容地应对更多的人。我们将通过分享故事、事例和实操指南来做到这一点，让你也能体验这种转变，并过上更加自由、更有信心的人生。在多年的工作中，我们亲眼看到成千上万的人已经脱胎换骨，你也会成为其中之一。

我们将向你展示"线上"和"线下"行为之间的区别，并让你从来自世界各地超过 10 万名受访者的事例中得到启发。这些材料足以证明，在个人生活和职业生涯中，"线上"行为是极其有效的。当你读完本书，当你领悟了亘古不变、从内心深处驱动行为的四大普适法则的智慧，并以实用的工具武装自己之后，你就能做到在"线上"生活、在"线上"领导。

我们承诺：通过探索我们的心灵发生了什么，探索它如何塑造我们的思想，以及我们每天所作所为的真实面貌，我们将得到一种不可思议的力量和能力，让我们能选择更有效的行为，尤其是在我们受到触动的时候。而且不止于此。随着我们性格的完善，我们还可以通过移情、理解、支持、凭借自身的优秀和成就成为他人的榜样，为我们身边的人助力，让他们变得更加强大。我们每个人都能让这个世界变得更加美好：我们的心灵能做到这一点。这是一种亘古不变的永恒智慧。我们称之为"心灵革命"，这是我们的终极目标。

因此，系好你的安全带——这是一个邀请！我们邀请你加入我们的伟大冒险，引导你开启一段改变人生、丰富人生、得到新生的体验。

## 在攀登人生高峰时要注意安全

### TTP[①]——相信过程！

在攀登人生高峰时迷失方向，这有可能发生在任何人身上。通常，当你真的要去某个地方却找不到路的时候，你可以停下来，在地图上找"你"的位置，或者找一个能让你明白自己身在何处的路牌，再找到你的目的地，并计划如何到达那里。同样地，本书会给你一张地图、一个人生的指南针——多年前我们的一位客户就是这样形容它的。如果你能一步步走下去，小心避开人生中的一个个陷阱，并明了什么时候应该继续前行、什么时候应该停下来花点时间想想你身在何处，我们可以向你保证，一切都会顺利起来，即使你在当时无法看到这一点。我们总说，相信过程！我们今天感到迷茫，并不意味着明天也会如此。成长的经历中总有起伏，这是一个过程。

---

① TTP : Trust the Process，译为相信过程。

作为领导力培养和个人发展项目的内容之一，我们已经在十多个国家带领人们登山，并保证他们的安全。说到登山——无论是攀岩、绳降还是攀登高山，我们作为登山向导的优势是，我们知道那座山的顶峰在哪里。然而，人生的顶峰一直在变，甚至还在增高。但是，正如我们引导人们上山、下山一样，我们也将使用已经在成千上万人身上使用过的材料，引导你攀登人生的顶峰。和其他优秀的人生指南书一样，完成本书不是基于我们将来会做什么，而是基于我们已经知道能够奏效的东西：观念和方法。三十多年来，在帮助人们转变的过程中，我们已经多次尝试并验证了这些观念和方法。

爬山最重要的是有耐心和耐力，并且不断向上攀登。攀登人生高峰、改变人生的旅程，也是这么回事。要想顺利登顶，你需要有合适的装备，比如有地图、指南针、计划、技能，以及我们所说的智慧。最重要的是，攀登高山需要勇气。你要拥有勇敢的心、尊重环境、愿意放下"自我"（受到"自我"驱动的登山者＝死亡），即使身体万分疲惫，也要相信自己能够做到，坚韧不拔、有自制力。再重复一遍，这就像攀登人生高峰一样。因此，在本书中，你将捕捉到带你登上人生巅峰的心态，你也将学习到人生道路上所需的智慧和技能。我们称之为"心灵＋智慧"反应式。

### 如果你不害怕，你就无法勇敢

二十多年前，我们在珠穆朗玛峰对面的喜马拉雅山峰上。在经过整整一年的细心筹划，跋涉数周到达大本营并一连攀登了好几天后，我们离峰顶只有 300 英尺了。但就在这时，史蒂芬却让所有登山队员全部下山。他相信自己的决定，因为山中的情况正变得非常危险。天气说变就变，而且他还考虑到了队员们和自己的登山经验问题。那天，史蒂芬在和尼泊尔夏尔巴向导 Tschering（人名）讨论之后，他的智慧占了上风，于是他决定："今天不能登顶。"

在那次探险中，我们没有登上山顶：暴风雨来了，肆虐了好几天。为了这次探险，所有队员都投入了大量的时间、精力，参加训练、做足准备，付出了大量努力。（玛拉经常说，如果让她背着训练用的大包再多走一段台阶，她一定会撞上别人，或者撞坏什么东西。）我们所有人都渴望登顶。放弃登顶并不容易，但这是一个明智的决定。如果你能放下"自我"，你就能敞开心扉，接受不同的观点和事实。如果史蒂芬听从了他的"自我"、顺应了队员们渴望登顶的情绪，我们就会对迫在眉睫的危险视而不见，那么我们的结局会很惨。

让"自我"不再发声、转身下山，这像攀登顶峰一样勇敢。我们如果没有返回，可能现在还困在那里，那么我们的尸体可能早就冻硬了。自从那次放弃登顶后，我们在世界各地经历了无数次的冒险，我们总是感激顶峰的出现。二十年后，我们有了更多的经验，天气条件也更好了，如果我们回到那里，我们一定可以登顶。当你追寻"最好的自己"时，要知道，有的日子并不适合登顶，就像有的月份或年份不是你人生中的巅峰一样。你的内心必须成长，你的智慧必须有所增长，这样你才能到达人生的巅峰。是的，有时很可惜，很多人没能充分发挥他们的潜力。当你来到山脚下的时候，你会发现，那座山永远和你想象中的不一样。当然，它的情况和你之前做的功课多多少少有些相符，但最让你感到兴高采烈的，是你自己拥有了攀登高山、翻山越岭的勇气。别忘了，相信这个过程！

### 你并不孤单

有时，你需要独处一段时间来发现自己、进行冥想、祈祷，让自己恢复活力、集中注意力。有时，如果你喜欢登山，你甚至可以独自出发。但在大多数时候，你是在和你的伙伴一起登山，你至少会和一个登山者结伴而行。我们并不打算让你做独行侠，如果可能的话，建议你和一个要好的朋友一起读这本书。在阅读过程中有什么发现和启迪，你们可以随时讨论。

还有一次，在登山途中，史蒂芬差点以为自己会死于低体温症。听上去有点儿夸张，但这是真的。"我当时在威尔士参加一个慈善性质的探险活动，这个活动叫作'挑战 15 座山峰'。顾名思义，这个活动要求我们在 24 小时内爬上 15 座山峰。凌晨 4 点，我们就摸黑出发了，连续攀登了 19 个小时。当时已经是晚上 11 点了，我们的 4 人登山队被困在北大西洋附近最严重的风暴眼中，这场风暴席卷了英国大部分地区。最后，我们登上了其中一座山峰的顶峰，当时我们几乎无法站起来，因为风雨太大了。那种感觉就像站在开足马力的消防水管前。我们 4 人都淋成了落汤鸡。我们的核心体温急剧下降。由于体温过低，我们不由自主地颤抖起来。一位队友发短信给当地的威尔士山区救援队求助。在过去了 20 多分钟后，他们才告知我们具体方位和行程距离：在那种情况下，这 20 分钟就像过了一辈子。我们在想，如果我们今晚不能想办法离开那里，我们就会死在那里。"

根据导航信息，我们想要脱险就得往回走，沿着来时的方向不停跋涉。从心理上来说，这简直是不可能完成的任务。我们尽了最大的努力，好不容易才来到这个有手机信号的地方，现在他们却告诉我们得原路返回。但我们必须相信这个过程，必须相信指南针、相信救援队、相信彼此的力量。至少，如果我们能走动起来，我们还能有一点儿动力，也还有一点儿希望；如果坐在顶峰上，除了瑟瑟发抖，什么也不做，我们就毫无希望。我们走得很慢。在暴雨如注、伸手不见五指的黑夜中走了一个半小时后，我们看到远处大约有十几束手电筒的光芒在闪烁——是山区救援队！在如此恶劣的天气中，他们出来寻找我们，最后把我们带到了安全的地方。

无论你希望继续你的成长之旅，还是感到人生绝望，我们希望这本书都能成为帮助你导航的指南针之一，希望你可以向你的朋友甚至专业人士寻求帮助。史蒂芬需要山区救援队的专业帮助——尽管他是一个经验丰富的登山者，这也一点儿都不丢脸。无论你的职业是什么、有什么身份，找玛拉这样的人聊聊、寻求专业心理咨询师的帮助，也一点儿都不丢脸。

　　我们亲眼看到，各行各业的人从过去的创伤中走出来，他们的性格得到了锤炼，心态也发生了转变：从"我做不到"变成了"我做得到"。他们已经明白，是什么塑造了他们的生活、思想和行为，他们已经找到了阻碍他们前进的堡垒。他们已经学会：如何摆脱无效的行为，过上充实有意义、目的明确、充满力量的人生，并试着去改变周围的世界。

　　探险能带来巨大的能量，而巨大的能量能点燃更多巨大的能量。所以，和我们一起去勇攀高峰吧：勇往直前、一同冒险、体验攀登高峰带来的能量，这样的攀登会改变你的人生。我们将引导你踏上攀爬这座"心灵风格"高山的探险之旅，让你的人生、你身边的人的人生达到一个新的高度，我们为此感到高兴。

　　我们希望你能想办法和其他人一起踏上同一段旅程、攀登同一座山峰，随着你不断成长、改变你的人生，让他们在一路上鼓励你，和你一起跋山涉水。在这个过程中，你会让世界变得更美好，并从中发现人生的目的和意义。

　　正如尼泊尔夏尔巴向导 Tschering 所说，人生的旅途中有高低起落，既有崎岖道路，又有平坦大道。我们邀你一起享受这段人生的攀登之旅……还有，请相信这个过程。

Contents **目 录**

# Part I

# 行为背后的原因

# Chapter 01 >>>

## 驱动行为的四大普适法则

　　当你开始这段旅程时，你是否有什么愿望？"是的，"你也许会想，"我想达到下季度的销售目标""我想减掉10磅""我不想再和我的伴侣争论如何把碗碟放进洗碗机了"。或者你会沉默片刻，想得更深一点儿，"我想实现自我价值""我想改善和伴侣的关系""我想培养快乐的孩子""我想找到灵魂伴侣"。这些关于我们日常生活和人生欲求的想法，反映了我们所有人内心更大的渴望。

　　在内心深处，我们都在追寻更多的价值感、目标、自信、满足感——最终是更多的爱。在追求这些东西的过程中，我们在以我们认为会给自己带来更多美好事物的方式生活着。我们试图理解一个个为什么：别人为什么会那样思考、那样行动，而我们为什么会这样做；为什么别人的所作所为，在我们看来显然是不够积极、不够有效的，而他们自己却看不出来；为什么我们自己有时也会做出不够积极的行为呢；或者，我们如何避免在下一次出问题时做错事呢？

最重要的是，我们真正渴望知道的是：什么能开启人们（包括我们自己）的智慧，让我们成为最好的自己、达到我们个人的最佳状态？如果我们可以轻而易举地发现这种智慧，不需要发誓沉默一年或在山顶上静思冥想，又会怎么样？（在合适的季节、在秀美的山峰上冥想，是一件令人非常愉快的事情。）如果它就在那里、就在你的眼前，又会怎么样？

其实，所需所求的智慧就在我们面前。如果理解了人生的四大普适法则，那么这种智慧就会向你敞开大门。这些不俗的见解可以帮助你实现心中的梦想、让你取得你应该取得的成就，总之，可以帮助你在大多数时候做最好的自己，帮助你成功地驾驭你遇到的所有棘手情况，并助你打造快乐、成功、充实的人生。


萨拉坐在上司的办公桌前，盯着地毯上的图案，希望能够得到一点儿那样的智慧。"别光坐在那里，说点儿什么啊！"她几乎在对自己大吼大叫了，却开不了口。

当她一早走出家门去搭乘地铁时，她对即将到来的这个工作日充满期待。可是当她一走进办公室，她的顶头上司——公司的产品开发副总裁——就在走廊上"逮住"了她，让她那种充满期待的感觉立马消失得无影无踪了。"你能来一下我办公室吗？"他的话音、他的语气彻底破坏了萨拉的好心情，萨拉知道自己要倒霉了。

当她的上司问起她目前执行的项目时，萨拉不由得心跳加速，这是她职业生涯中执行的最重要的项目。"离本季度结束还有一个星期了，萨拉！为什么这个项目这样拖拖拉拉？你又不是有很多事情要做。我们今年的收入目标能否实现，取决于第三季度的业绩。现在你还有可能完成吗？"

15 分钟后，当萨拉走出办公室时，她都不知道自己是如何回答上司的问题的，似乎只听到了自己全身的血液涌入大脑中的声音。她模糊地记得，她向上司承诺会让这个项目回到正轨，并含糊地解释了一堆他们团队目前面临的一些意想不到的障碍。现在，她的心情糟透了。

她一屁股坐在椅子上。这时电话响了，是西蒙——她的丈夫。"亲爱的，"她一接电话，就听丈夫说道，"对不起，你能马上回家吗？我在倒垃圾的时候把自己锁在屋外了，现在我上班快迟到了。"

如果放在平时，这可能会让萨拉略感心烦，也可能会让她捧腹大笑。但在今天，这是她最讨厌的事了。她感到一股怒火从心中蹿起，于是深深地吸了一口气，打算让西蒙吃点儿苦头。她对西蒙恶语相向，指责他总是做这种事。"为什么总要我给你擦屁股？！"然后她告诉西蒙，他的问题将影响她的工作，而最后期限快要到了。她可以预见，他的问题将彻底毁掉她本月的业绩。

西蒙一直沉默着。"你知道吗，"最后，他说道，"你说话的语气和你爸爸一样。"

萨拉气得差点儿摔了手机，狠狠地按了两次"结束通话"按钮。

在她冲出办公室时，她的朋友、市场分析部的同事爱丽丝正好走进来。看到萨拉满脸怒容，她问道："你怎么了？"

"我很好。为什么你们组还没有给我们市场报告？你不是说上周就能给我们报告了吗？你想让这个项目沉没吗？"听到这番话，爱丽丝不由得往后退了一步，她睁大了眼睛。

萨拉看到了她的反应，但现在后悔已经太晚了——是她心中的那股怒火，让她对爱丽丝口不择言。现在一股悔恨和尴尬涌上心头，填补了内心的那个空洞——她不知该如何让自己平静下来。"对不起，"她脱口而出，"我们现在就需要这份报告，否则我就要被比尔责骂。"

爱丽丝的脸上毫无表情，她解释说报告将在今天下班前准备好，然后转身离开了。萨拉本想向她真诚地道歉，并告诉她比尔刚才责怪自己的事，但她并没有走过去。"我得赶紧回家一趟。"她想。

在地铁上，萨拉不停地想着西蒙说的那句话。"你说话的语气和你爸爸一样。"她心里明白，他说得没错。她口不择言，和她的父亲一样刻薄地责备了别人。但这是为什么呢？她为什么要这样对待她关心的西蒙和爱丽丝呢？为什么她没有告诉比尔，工程队要忙的事情太多了，这是他们执行项目过程中最大的障碍，而这个问题是比尔可以帮忙解决的。


每天都有很多人会经历这样的时刻。我们会想，"我刚才为什么这么说？"或者"如果我刚才……"我们会为了小事对我们的孩子或恋人大加责骂。我们会在别人面前批评我们的队友。一个我们明知不现实的最后期限，我们竟然会同意。也许问题更严重，我们在一些重要的事情上撒了谎。也许我们走了一条不道德的捷径，欺骗了别人。但这些行为并不能说明我们就是坏人。我们只是普通人，难免会犯错。这些行为不过是我们为了生存采取的应对措施而已，而且它们已经陪伴了我们很长时间。

其实我们原本出于一番好意，但由于我们心存恐惧，使用低效的应变策略搞砸了一切。"什么？！"你可能会说，"我一点儿都不害怕！"但是我们都会有感到害怕的时候。很多时候，我们甚至都没有意识到我们在做什么，更不用说深究背后的原因了。现在，好消息来了：每一天，我们都能把自己最美好的心愿变成现实。只要加上 10 分钟的思考时间，我们就不会说出伤人的话，或做出不同的选择，我们就可以变得乐于助人、专注、诚实、耐心、坚定。

从自私到无私，从对别人妄加评判到同情别人，从沮丧到积极，从带来破坏到有所助益，从充满怀疑到自信满满——我们内心转变的速度是多么快啊。也许我们在前一分钟还充满效率，到了下一分钟却变得毫无效率。我们都是一个个"多面体"，我们的人生也是多面体。没有效率的"线下"行为与有效的"线上"行为共存，而我们都能快速在两者之间不断切换。

"多面性"是存在于我们内心的那条分界线的本质，也是驱动我们行为的人生四大普适法则的本质。

人生四大普适法则是：

·基于勇敢的谦逊——专注于个人成长
·成长驱动的爱——专注于使他人成长
·自我驱动的骄傲——专注于自我抬高
·自限性的恐惧——专注于自我保护

总的来说，这个模型代表了人生的循环。在任何一天、任何时

刻、任何情况下，我们的内心都有可能出现恐惧—骄傲—谦逊—爱的循环，一次又一次的循环。

我们的人生是真实内心的外在表现。

·当我们的内心出于自限性的恐惧而运作时，我们就会表现出自我保护式的思想和行为，以被动的、依赖性的和取悦他人的行为来束缚自己。

·当我们的内心出于自我驱动的骄傲而运作时，我们就会出现自我抬高式的思想和行为。我们会表现得具有攻击性、高人一等、追求完美、不惜一切代价赢得胜利，这些行为阻碍了我们与别人的健康交往。当然，积极的"自尊"是"爱"的表达——我们对他人的爱、我们的个人成就、令我们高兴或激动的事情。但消极的"骄傲"重视的是我们的"自我"：证明自己、表现自己、力量或控制。

·当我们的内心出于勇敢的谦逊而运作时，我们就会出现个人成长式的思想和行为，比如真诚可信、勤奋努力、敢于示弱和追求成就。

·当我们的内心出于成长驱动的爱而运作时，我们就会表现出愿意与他人共同成长的思想和行为，比如尊重他人、对人忠诚、同情他人。

是什么驱使我们在生命的轮回中表现出令人难以置信的一系列人类行为？这四大普适法则给了我们答案。我们可以看到，同样的行为在全球各地上演着，在历史上不断重演，表现在背景和生活经历完全不同的人身上，发生在完全不同的情境中。我们每天都能在工作、运动、比赛、养儿育女以及建立（或破坏）人际关系的过程中看到这些行为。它们出现在我们制作的电影、我们写的书等艺术作品中，塑造了我们的家庭、社区、团队和公司。

谦逊面面观：

爱的一些表达：

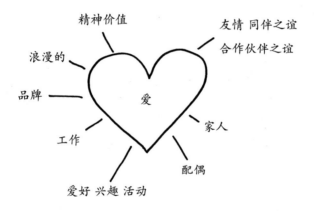

你可能会将你的行为方式归因于一些情感或情绪，如愤怒、嫉妒、内疚、同情、善良或慷慨。然而，在我们研究人类行为长达十八年的旅程中，我们花了比任何一个理性的人会用的更多的时间在统计建模上。我们发现，所有不同的激励因素都可以追溯到四个原始来源：基于勇敢的谦逊、成长驱动的爱、自我驱动的骄傲和自限性的恐惧。

这四大普适法则还回答了以下问题：为什么你性格中最好的一面，有时会被自限性的恐惧和自我驱动的骄傲推到后台？为什么你内在性格的强大力量，会被基于勇敢的谦逊和成长驱动的爱释放出来，让最好的你能够胜出？

我们的性格不是我们的人格。性格是一种内在的力量，尤其是当你身处逆境的时候，使你展现出谦逊和爱等价值观；使你能在情势紧张时保持冷静；让你在周围的一切显得负面消极的时候，仍然能够保持积极乐观；当所有人、所有事都在"线下"时，性格还是让你能够在"线上"思考和拥有行动的那份勇气。

重要的是，要知道，我们有时会出于恐惧或骄傲而行事，当我们察觉到任何形式的情绪上的或身体上的安全威胁时，就会再次求助于应变策略。这些威胁包括：失去工作、被人拒绝、冒犯别人或感情创伤。当我们被恐惧或骄傲驱使时，我们所做的任何事情都无法完全奏效，但这样的反应也是很正常的。在短期中它可能会起到一些作用，甚至可能让我们在那一刻感觉好一些，但实际上它不会帮助我们的性格成长。然而，在我们的生活中很难看到这样的事情发生，因为恐惧驱使着骄傲，而骄傲又驱使你试图否定这一切。当你拒绝接受现实的时候，你就会忽视让你走到了现在这一步的原因。

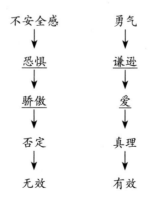

虽然我们都重视谦逊和爱，以及它们带来的所有内在和外在的好处，但没有人能够一直受谦逊和爱的驱动。世间没有这样完美的人。但是，这并不意味着我们必须生活在"线下"。我们可以转移到"线上"，不必被困在恐惧的堡垒和骄傲的监狱里。

在萨拉表现欠佳的那个早晨的前一个月，她参加了我们为她所在公司的领导们举办的一次培训，在会上我们探讨了这四大法则。当她坐在地铁上时，她意识到了在她生活中起作用的"线下"法则——骄傲导致她对爱丽丝和西蒙出言不逊，但更明确地说，是她在比尔的办公室里感受到的恐惧在驱使着她的行为。她想要摆脱那种恐惧的感觉，于是她开始聚焦于改变她的内心、她的思想、她的行为。当她回到家中时，爱已经战胜了恐惧。她立即向西蒙道歉，告诉他，自己爱他，不该这样对待他。她还把早上开会的事告诉他了。西蒙也为给她添堵而道歉，本来她这一天已经很不顺利了。她离开家的时候，感觉心里平静多了，和丈夫的关系更亲密了；她准备回去工作，向爱丽丝道歉，完成她今天需要做的工作。

我们都有和萨拉类似的经历，但下一次，我们不会再被恐惧和自我驱动的骄傲控制。若想理解我们行为背后的原因，先要理解这四大原则在我们人生中的力量，以及它们如何成为我们和他人行为的根源。然后，我们就会做出积极的选择，从而变得更有自知之明、更加强大。作为伴侣、父母、职场人士和朋友，我们将更经常地展现出最佳的自我。


## 问题的核心永远是内心的问题

"心"这个字经常在我们的话语中出现：追随你的心，她心地善良，他改变了心意，她的心不在这里，他全心投入，他们促膝谈心，我的心向着他，他伤了她的心，这是一种半心半意的努力，我说的话发自我的内心……

我们每天都会说到"心"字。它是我们熟悉的词语。几千年来，我们说的"心"，并不仅仅指我们的心脏。但你真的想过这意味着什么吗？当我们说某人说话发自内心的时候，我们指的是，他们的话语充满意义、有洞察力、充满诚意。或者说，当我们追随自己的心时，我们每个人内心的更深层次的现实就会反映出来。所以，"问题的核心永远是内心的问题"。

这四大普适法则就在你心中，是关于我们性格、思想和行为的更深层次的现实。它们分别位于一条分界线的上下两端，两两对应。我们如何工作、如何去爱和如何生活？它们是我们洞察和了悟这些问题的根源。理解他人内心的动态，就是我们产生同情心、体验移情作用的过程。

爱是我们最强烈的需要，遭到拒绝是我们最强烈的恐惧。我们一生都在寻找爱，避免遭到别人的拒绝。正如约翰·列侬曾经说的一样："人世间存在两种基本的动力：恐惧和爱。"当我们心怀恐惧的时候，我们就会逃避生活。当我们心中充满爱时，我们就会以热情、兴奋和包容的心态接受生活给予我们的一切。我们能从自己的行为中感受这两种驱动力，并在他人的行为中发现它们的存在。如果我们能掌握这一智慧，它将引导我们建立亲密的人际关系、成功地领导别人。

在你开始攀登人生的高峰前，我们想和你在大本营中再多聊几句。我们希望通过正念练习引导你体验一下：当你的心中充满爱或恐惧时，在你身上分别会发生什么，这两者的差异是多么悬殊。在忙碌的生活中，我们常常没有时间停下来思考我们走到了哪里，所以给自己一分钟的时间——只要一分钟就行，来做一下这个虽然很简单但意义深远的练习。通过有意识地专注于爱，并意识到它与恐惧的巨大差异，你会感到自己更加宁静、平和。这会让我们明白，我们可以改变我们的情绪状态和身体状态。总之，它将赋予你无穷的力量！

### ⚙ 练习：大本营一分钟练习

你可以在大多数的日常生活情境中做这个练习。无论你在什么时候读这本书，你都可以马上做这个练习。

1. 闭上眼睛，用20秒的时间，想想你心中的爱。回忆一下你被爱或爱别人的时刻。你想到的人是谁？当时发生了什么？试着去真正地看到它、感受它。你在哪里感受到了这样的爱？它是什么样的？当你感受到这份爱时，在你身上发生了什么？（要知道，这就是目标——与他人建立友谊、体验人际关系的力量、建立自己的信念。这才是真正的你。）

2. 接下来，想一想你心中所惧。我们每个人的内心都有恐惧，没有人能幸免。回忆一下你感到恐惧的时刻。你想到的人是谁？当时发生了什么？在这20秒钟内，试着走进你的记忆深处，真正地看到它、感受它。你在哪里感受到了这样的恐惧？它是什么样的？当你感受到这种恐惧时，在你身上发生了什么？感受那种不安全感和不确定感，它是如何让你觉得你需要保护自己或证明自己的。（这也是真实的你，但不是最好的你，那是被恐惧和骄傲控制的你。）

3. 在最后的20秒，让自己再次投入爱，感受爱与恐惧的不同。

这份爱让你看到了什么样的自己？

这就是这本书将带你穿越的旅程：承认我们都会感到恐惧、心存骄傲，虽然它们每天都会影响我们，但爱是我们最想要的，而谦逊和爱是解锁"最好的自己"的途径——你真正的人格力量、你最好的一面。

## 线下：恐惧和骄傲

作为总会与全球各地的不同朋友见面的培训师，我们两个人大部分时间都提着行李箱满世界跑。我们的办公室和客户遍布世界各地，我们每年有 30 多个星期的时间忙着从一个酒店房间搬到另一个酒店房间，长时间不在我们公司的总部（或家里）。我们匆匆来到某地，与我们的团队一起完成某个项目、商定时间表和可交付成果，然后我们又匆匆离开。

几年前，我们要为一家公司的高层管理团队准备一份重要的报告。我们的一位团队成员泰德急切地抓住了这个机会。"交给我吧，"他说，"我能干好。"史蒂芬向他详细地介绍了这个项目的情况，并确认泰德已听明白，且认为自己有能力继续跟进，然后史蒂芬就动身出差了。在接下来的三个星期里，史蒂芬也一直在询问泰德的进展情况，看看他是否需要什么帮助。泰德向他保证，报告没有问题，"交给我就行"。史蒂芬出差回来后疲惫不堪，还得倒时差。根据日程安排，本周他要约见很多人，其中包括泰德。当泰德开始分享他的工作成果时，很明显，尽管他声称"没问题"，但他缺乏我们所需要的那种完成高水平报告的经验。他收集到的资料很少，完成的部分质量也不高。泰德陷入了困境。

史蒂芬这时已经被骄傲和恐惧控制，他心烦意乱、怒气冲冲。"泰德，这样的报告不行！我给了你三个星期准备。"他并没有大喊大叫，但他的语气很生硬，而且他显然很沮丧。在一英里外，都能感觉到他的负面能量。办公室是开放式的，大约有5名团队成员和他们在同一个房间里。那一刻，他们5个人都想躲到桌子底下。

泰德耷拉着脑袋。

"泰德，请你看着我。"

泰德抬起头来，但他目光呆滞，表情茫然。"我一直在向别人求助，让他们把我需要的材料给我，但他们都没理我，没人帮我。"

"这样的话，我们可能无法及时把报告交给客户了，得马上补救。"史蒂芬能感觉到，事态在不断恶化，所以他让泰德把手头所有的材料都转给他，然后回到了自己的办公室。他的心情丝毫没有好转。他很清楚，他违反了领导员工的基本原则：公开表扬，私下批评。

我们仍然得尽快完成那份报告。但现在泰德的效率还能有多高呢？

史蒂芬和泰德都处于"线下"状态，他们的行为要么出于恐惧，要么出于骄傲，因此都无法让人满意。在这种情况下，他们的内心发生了什么？

这份报告是为一位重要的客户做的，这位客户原本可以替我们宣传我们的公司、我们的品牌。当史蒂芬觉得此事可能会落空后，他一下子陷入了恐惧。这种恐惧像一把老虎钳，钳制了他的个性，让他陷入了自我保护的模式——目的是使他免于内心的终极恐惧——遭到客户的拒绝，而这实际上在阻止他成为最好的自己。对我们所有人来说都是这样的：当我们被封锁在恐惧的堡垒中，我们就会躲藏起来。我们把真实的自己隐藏在自己的面具后，以别人想要看到的形象来展示我们自己，我们剥夺了他们认识真正的、优秀的我们的机会。我们逃避真相、逃避困难、逃避坦诚的交谈，甚至逃避各种可能性。我们的视野变得狭隘，对周围可能让情况好转的大好机会视而不见。我们使用无效的应变策略处理我们的消极情绪和想法，而不是主动思考如何实现我们的目标。

这些处理恐惧的无效努力常常会让我们陷入负面的、受到"自我"驱动的骄傲。"自我"驱动的骄傲根源于恐惧。"你在拒绝我！我不够优秀，如果我失败了怎么办？让我露两手给你看看。"在骄傲的牢笼中，我们学会了通过操纵我们的处境来满足我们的"自我"。泰德夸大了自己的能力，他害怕我们发现这一点，于是让骄傲占了上风，还试图通过责备别人为自己辩护。他的反应激发了史蒂芬基于骄傲的应变策略：史蒂芬一心想要重新获得控制权，证明自己有能力把事情做好。缺乏自信是恐惧的一种表现形式，我们经常用进攻性的行为来掩盖它，而进攻行为本身就是受到"自我"驱动的骄傲的一种表现。

许多人都会陷入骄傲，无法自拔，摆脱这种问题的困难在于：这是问题背后的问题，而且很难发现，无论问题出在我们自己身上，还是出在别人身上。当我们犯错时，骄傲会让我们产生自我怀疑，而这会摧毁我们的自我价值。骄傲使我们想要归咎于人，而这正是泰德的问题所在；或者骄傲会使我们产生一种莫名的优越感，这将影响或破坏我们的人际关系，而这正是史蒂芬的问题所在。当我们出于骄傲而行动时，即使在我们似乎已经成功实现目标的时候，我们也会阻止自己和他人发挥潜力。你知道，当事情变得棘手起来、令人心力交瘁时，人就容易变得骄傲自大。

作为领导或作为团队成员、作为父母、伴侣或家庭成员，你曾经面临泰德或史蒂芬这样的困境吗？我们非常确定，对于所有人来说，"是"才是诚实的回答。这就是人生。有时，我们都会跌到"线下"，被卷入恶性循环中。想想你和你的伴侣、家人或朋友之间最后一次争吵的情形：你们吵得越来越凶，最后，你们都说了一些过分的话。其实，那根本不是你们的本意。

我们经常问的问题是："结果怎么样呢？"最好的预防策略是强化我们的内心、锤炼我们的性格，而不是被卷入那样的旋涡中，这一点我们将在下一章和第三章中详细讨论。

那些声称自己压力指数高、幸福指数低、工作效率低下、人际关系不佳的人，往往在基于骄傲和恐惧的行为方面的得分也很高。而他们身边那些完成 360 度全方位测评的人，给他们的评分也是如此，这一点也许并不会让你感到惊讶。当你完成了一份心灵风格测试时，你能看到自我评分，可以了解你对自己的看法；你也可以选择让别人根据同样的问题给你评分，这样你也能了解别人对你的看法。要知道，有时我们的意图并没有以我们期望的方式传达给别人。我们自己定下的基准分（我们盼望得到的评分）往往显示，我们非常盼望自己的行为能更多地出自谦逊和爱。


## 线上：谦逊和爱


"什么叫你不知道？我们付薪水给你干吗？你应该知道的！"保罗火冒三丈，声音里充满了沮丧。在过去的 10 天里，他和他的销售团队已经第三次开会讨论这个问题了。每次开会时，保罗办公室的气氛都会变得非常紧张。为什么坐在他前面的这个小领导不站起来说几句呢？他应该做出业绩来，而他只是坐在那里，低头看着地面，压根儿就没能好好解释一下为什么他们团队的销售数据仍在不断下滑。

"马上去弄清楚！"保罗结束了这场会议，他的声音将他的布朗克斯口音和他的工人阶级出身暴露无遗，他更加沮丧了。当这个小领导和他的团队成员收拾好东西，快步走出办公室后，保罗重重地跌坐在椅子上，翻来覆去地想，这究竟是怎么回事。为什么他周围都是无能的人？为什么他非得大吼大叫才能让他们把事情做好？还未从这次小冲突中平静下来，保罗就得去参加下一个会议。他确信，接下来的会议也将让他一无所获。如何改变公司的发展方向呢？他依然毫无头绪。

保罗是一个非常聪明的人，他从小就相信，如果他想过上好日子，那么在前进的每一步中，他就必须不断奋斗。他并不是含着一把银汤匙出生的，如果想出人头地，他就得比别人做得更好。他就是这样做的：学习成绩名列前茅，在各项体育比赛中获胜，在奖学金竞争中击败别人。他在曼哈顿竞争激烈的金融业找到了第一份工作，并为升职而不断与人竞争。他让他的团队成员拼命工作，证明自己能做出成绩。

当他开始担任目前的职务——一家国际化妆品公司的首席执行官——时，情况并不乐观。这家公司外表光鲜亮丽，但公司内部却急于扭亏为盈，所有员工都因出于恐惧和骄傲而努力，尽力让自己不被裁掉。保罗决心扭转这样的局面，但他需要他们付出更多的努力。他给小领导们施压。在他看来，在工作场所中采用进攻性策略并没有什么不对——棍棒底下出业绩。

问题是，他并没有做出什么成绩来。大家都没想出什么好点子。他听到走廊里的窃窃私语声和开会时的责备声越来越多了。对失败的恐惧占了上风，自负和骄傲成了常态——一方面是欲望和控制，另一方面是战战兢兢、不敢犯错。他的确犯了错，却赶紧撒谎或责怪别人、给自己寻找理由。公司里一些优秀的人才陆续离职了。之前，他们卷入了一场官司。这场官司已经打了多年，似乎无法解决。而他们的销售额还在继续下跌。但保罗一直只知道硬碰硬，他的"线下"行为将其他人都拖到了"线下"。

一天，他的首席人力官来到他的办公室。保罗有重要的运营方面的事情要处理，所以他不想谈论人事问题。但是，很明显，首席人力官在不把话说出来之前，是不会离开的。"我们的企业文化越来越糟糕了。这种氛围是有害的，如果我们不解决这个问题，明争暗斗会害死我们。"

保罗叹了口气，"好吧。你想怎么做？"

"得从我们自己开始，从领导团队开始。"

那天，我们和保罗以及他的高管们进行沟通。我们能感觉到，房间里充满了恐惧和紧张的气氛。他们用怀疑的目光看着我们，好像这一整天的培训会将是一场漫长的考验。保罗几乎没怎么参与进来。但到最后，评论和讨论变得坦率起来，情况发生了小小的转变。

在第一次培训会结束后，我们看到了一些小小的突破。显然大家都希望能够扭转局面，于是我们开始开导保罗。我们很快就了解到，他工作时的状态和他在家时的状态完全不同。他是一个很优秀的丈夫和父亲，他爱他的孩子，和他们在一起时，他幽默风趣。他是11岁儿子所在足球队的志愿教练，也是一位耐心的老师。尽管他工作繁重，但他仍然竭尽所能地支持自己的家人、处处关心他们。我们建议保罗改变他对自己工作形象的一些看法，更多地把"父亲的心"带到工作中，改变他领导和对待他的团队成员的方式。

为什么会有两个截然不同的保罗呢？在他走向成功的道路上，

他下意识地做出了这样的决定：在工作中必须强硬，而家才是感受爱、表达爱的场所。他把自己的真实身份与个人生活隔离开来，认为工作时自己必须成为另外一个人。和我们大多数人一样，他不愿意在同事面前承认自己的任何疑虑。位于曼哈顿的纽约精神分析研究所帕切拉研究中心的联席主任利昂·霍夫曼说："我们的文化重视力量和权势，恐惧被认为是软弱的表现。但如果你能承认自己内心的恐惧，实际上会让你更强大。"我们建议保罗，如果他想改变企业文化——这可能会让企业经营效益发生翻天覆地的变化，他可以试着改变他的领导风格，把更真实的自己带到工作中去。

保罗想要使公司扭亏为盈，不仅是为公司效益着想，也是为了保住公司众多员工的饭碗。他也不想过这样的日子，想让公司再现过去的辉煌，但他别无他法。当他开始明白，公司里那种基于恐惧和"自我"的文化毫无效用，而且正在妨碍公司经营时，他不得不承认，从很大程度上来说，这种情况是他造成的。如果他想要形成一种能够推动公司成长的企业文化，他就必须克服自己对失败的恐惧，改变自己基于骄傲的进攻性行为。

他不能把员工当作他必须控制的人，而是要把他们当作可以指导和培养的人，就像他对待儿子学校的那支足球队一样。保罗发现，他对自己团队成员的了解，还不如对儿子足球队队员的了解。他与同事的关系只是一种公事公办的关系。他开始明白，他需要像看待足球队队员那样去看待自己的团队成员：本着同情之心，相信每个人都在尽自己最大的努力，而他的职责是支持和指导他们。因此，他开始试着与每个人交流，坦承自己对公司的运营状况深感担忧，而这影响了他的领导能力和个人风格。他为自己之前的无效行为向每一个人道歉，并坦白说他是出于恐惧才这么做的。因为他担心，如果自己没做出什么业绩，他的饭碗就危险了。保罗态度的转变是如此真实，他为他的团队创造了一个安全的环境，让他们也能坦承他们自己恐惧和担忧的事情。

他从一些小事上开始改变。他不再随意打断别人的话；他试着控制好自己的语调，在说话时身体不再向前倾、用手指戳来戳去，也不再用一只手去打另一只手；当他不知道该怎么办时，他会坦然承认他会接受更好的想法；他会抽出时间来真诚地认可、赞扬干得不错的员工。最重要的是，保罗意识到，要对自己诚实，当他陷入基于恐惧或骄傲的思想和行为时，他能将自己拉回"线上"。他请他的团队帮助他成长，指出他的任何"线下"行为；而他也接受了他们的反馈，尽管他说有时真是咬着牙接受的。

保罗的团队成员和公司其他员工花了几个月的时间才开始相信，这个脱胎换骨、充满爱心的人并不是在装腔作势。慢慢地，保罗和他的领导团队建立了真诚的、相互信任的关系，这种关系延伸到了他们的部门中。当他们开始鼓励、激发、支持员工而不是向他们灌输恐惧时，公司的命运开始改变了。员工们对公司有了感情，开始热情地支持自己的同事和领导。随之而来的是更多的创新思想、更富有成效的会议、更有成效的公司文化——"我们都在同一条船上"，"如果这是注定的，那就看我的了"。随着公司文化的改善，公司的财务状况也改善了。

现在的每一天，保罗都比过去快乐得多、充实得多。


当我们居于"线上"，在谦逊和爱的驱使下做出有效的行为时，我们就能为自己、为他人有效地实现目标。无论我们在哪里——在家里、在工作场所、在足球场、在度假区，我们的心都渴望着爱和被爱。当我们能臣服并理解爱的力量时，爱就能改变我们的生活，让我们自由自在地去帮助他人生活得更好。在工作场合提到"爱"

这个字似乎有点奇怪，但你可以将这种爱称为伙伴之爱。当同事之间开始关心彼此的工作情况，甚至与工作无关的事情时，就体现出了这种爱。这种爱不仅让人感到舒心，还能提升员工士气，提高客户满意度，促进团队合作。

这是一种永恒不变的智慧。爱能让我们明白尊重和同情他人的价值，使我们与他人的友谊更加深入，让我们的人生更加充实。然而，我们能发现和辨识自己的内在价值，实际上来自谦逊。

如今很少听到人们谈起"谦逊"二字，因为它可能会让人联想到一种虚伪的谦虚。然而，说到真诚的谦逊，很难不提到波士顿大学阿尔伯特和杰西·丹尼尔森研究所所长史蒂文·桑德奇，他正在研究这种品质。他说，谦逊是"对自己的长处和短处的现实的自我认知，是一种调节羞愧、骄傲等情绪的能力，是一种为他人着想的能力"。

下面我们就来谈谈"谦逊"。谦逊是承认你会被恐惧和骄傲驱使的能力，而这能解锁真正的勇气。布琳·布朗在她的 TED（Technology、Entertainment、Design 的缩写，译为技术、娱乐、设计）演讲《脆弱的力量》（这是 TED 有史以来被观看次数非常多的演讲之一）中所描述的"脆弱"，以及在她的书《不完美的礼物》中提到的"真实"，都是对"谦逊"的另一种表述。这种谦逊让我们能勇敢地坦言个人成长的需要，以及我们自身的力量和内在价值。它将"骄傲"赶下王位，让我们能够冷静地面对困难，而不是让我们觉得自己需要去证明什么或控制什么。

**谦逊和爱如何释放我们的潜能**

拥有了谦逊和爱，我们就能活出人生的意义——我们的内在价值，而不是为了寻找意义而活——从外部环境中通过证明、表现和追求完美来寻求我们的价值。在这个充满竞争的社会中，谦逊和爱似乎常和那些优柔寡断、软弱天真、缺乏勇气和决心、太情绪化的人联系在一起。事实上，谦逊的人会让别人感到安全、受到尊重、被人关心，能与他人建立友谊、产生信任。这是荣耀、成绩和成就的基石。

根据我们心灵风格测试的数据，那些在"爱"和"谦逊"象限得分高的人，工作效率更高，工作时更快乐，拥有高质量的人际关系，压力水平较低。这是一个值得追求的结果。从我们到目前为止的论述来看，这个结果应该在预料之中。

我们都在尽我们所能，用我们目前拥有的智慧和人格力量做到最好。最令人兴奋、让人感觉轻松的是，我们可以改变我们的内心、我们的思想和我们的行为，让我们常常居于"线上"状态。我们都可以凭借我们内心的谦逊和爱做到这一点，尤其是当我们不幸跌落"线下"的时候。

### 走到"否定"的背面

否定是骄傲的自然结果，这就是史蒂芬在和泰德沟通时选择的方式。为了让自己能够保持"线上"状态，我们可以通过开发自我认知来识别它，然后做出不同的选择。在离开办公室后，史蒂芬花了一些时间思考：如何让自己重新回到"线上"？他问自己：是什么让他做出刚才那样的举动？他需要真诚地向团队成员解释一下他的行为。而且，他如果无法承认先前的所作所为是由他之前的心态所驱动的，那他就无法做到这一点。

第二天早上，他把所有团队成员召集在一起。"我为我昨天的行为道歉，"他告诉大家，"你们知道，那是一种线下行为，不是我的最佳状态。"他继续解释，"我很疲惫，因为刚刚参加完一次高强度的培训课程，我失去了冷静，公开批评了泰德，那是不对的。我应该对他多点儿同情，把他拉到一边，在私下里评论他的表现。这是我的错，我很抱歉。"他的道歉很真诚，因为这出于一种谦逊，出于他的积极努力，大家知道这一点。这才是他们认识的史蒂芬，在大多数时候他就是这样的！

这是一个良好的开始，但他仍然需要解决泰德的问题。他仍然忧心忡忡，满心想的都是那份报告。

我们很容易认为，我们一旦生起气来，就会跌至"线下"，但事实并非如此。在我们生活中的大多数日子里，当事情进展不顺利时，我们就会出现一些负面情绪：愤怒、失望、沮丧、伤心。但在那样的时刻，我们仍然可以唤醒内心的善意。我们可以唤起心中的爱，这有助于让我们的行为回归"线上"。我们可以超越我们自己和我们关注的自身利益，聚焦于我们真正想要获得什么，而不是试图去证明什么。史蒂芬花了不少时间思考：如何才能在同情和尊重泰德的基础上，帮助他成为最好的自己；并继续指导他，让他有机会做好自己的工作。史蒂芬反思了自己对泰德的了解，以及是什么"诱因"导致泰德会有这样的行为表现；还考虑了如何帮助泰德成长，让他帮助自己传达自己想要传达的信息。这些感觉和想法驱动着史蒂芬，他现在要和泰德好好谈谈，开导开导泰德。

在那次谈话中，史蒂芬承认了自己的"线下"行为，并向泰德道歉。他还问了泰德一些问题，以便更好地理解泰德的内心世界。泰德终于承认，他当时感到惶恐，因为他高估了自己的能力，所以想靠虚张声势蒙混过关。史蒂芬以一种真诚而富有同情心的方式分享了他的看法，随后把谈话的重心转到了未来该怎么做，而不再拘泥于先前究竟孰是孰非。他们一起定下了下一步该怎么做。在那次谈话结束时，泰德站起来，拥抱了史蒂芬，他说："谢谢你能理解我，谢谢你愿意帮助我成长。我真的很感激。"

你会发现，在你开口说话之前，你身上所散发出来的能量，就已经开始生效了。你可能有过这样的经历：当别人带着正能量或负能量走进一个房间时，尽管他还什么都没说、什么都没做，你就已经注意到这种能量了。最初，史蒂芬身上带着恐惧和骄傲的负能量，因此他带来了一种消极的氛围。在他诚恳地道歉后，他的身上散发出谦逊和爱的正能量，改变了气氛，让办公场所变成了一个散发着正能量的、给人安全感的地方。我们都可以改变自己的态度和行为，这将影响我们的人生境遇。

不久前，我们收到萨拉发来的一封电子邮件。在邮件中，她叙述了她与上司的一次谈话内容。比尔向她询问项目的进展情况，萨拉感觉自己陷入了恐惧和逃避。但是，她现在能够辨识并承认这些问题了，所以她有勇气去解决问题。她没有保持沉默，而是选择做真实的自己。她坦率地讲述她的团队遇到的挑战，以及与其他团队和其他项目共享资源的困难。比尔很惊讶，这些问题他还是第一次听说，但他非常支持萨拉。他召集了其他团队的负责人，开会说明了工作重点。现在萨拉所面临的压力减少了很多，她的工作更富有成效了。

我们能控制自己的各种情绪、人生的方方面面吗？不能。在任何一天，从前一个小时到下一个小时，或从早上到下午，我们的心境都可能会发生变化。我们所处的环境、我们的人生际遇、人与人的互动都会发生变化，甚至我们的人生都会出现重大变动。随着这些变化的出现，我们心中的各种法则被唤醒了，它们将影响我们的思想、塑造我们的行为。我们有可能时而在"线上"，时而在"线下"，但这并不是说，我们就没有选择了。

当我们了解了塑造人生的四大法则时，我们就有能力做出更好的选择，从而建立更牢固的人际关系，树立更强大的信心，拥有更清晰的视野，取得更有意义的成就。想象一下，如果每天都有更多的人做出这样的选择，你的家庭、公司、社区将会变成什么样？我们将拥有无限的可能。

# Chapter 02 >>>
## 诱因、模板和真理

在探索了驱动行为的四大法则之后，我们现在来分析一下，是什么塑造了我们的思维，从而导致我们出现这样或那样的行为。弄清楚这个问题后，你将更好地识别和理解我们行为背后的各种偶然因素。

一个星期五的晚上，室内放着音乐。伊娃的两个孩子和她的丈夫围着咖啡桌坐在客厅的地板上，微笑着听伊娃讲她最近旅途中的一则趣事。这应该是一次高质量的家庭欢聚时光，但这个夜晚的欢乐气氛即将一去不复返。

伊娃 10 岁的儿子山姆越来越不高兴了。"可是，妈妈，我买不起一家酒店！"他边说边朝他们之间的"大富翁"棋盘挥了挥手。他只差三步就赢了。

"在我的地盘上，你就得付钱。"她回答。

"我可以在下一回合再付钱给你吗？"

这个问题惹恼了她。"这是一场比赛，山姆，大家都想赢。"

12 岁的杰西翻了个白眼，这使伊娃更加恼火。

"就一步而已，我保证会付钱的。"

"不行！你现在就得付钱给我。"

当伊娃听出自己的话语多么生硬、语气多么沮丧，甚至恼怒时，她感到有点儿尴尬。山姆的眼里噙着泪水，他起身跑回了自己的房间。看到这一幕，伊娃并不感到惊讶。"为什么啊？"她想，她的心往下一沉，"我为什么要这样做？"

她刚出差回来。她出去了 10 天，从越南飞到柬埔寨，再飞到泰国，然后连夜飞回家。她筋疲力尽，但她此行非常成功。在与供应商的谈判中，她表现得非常强硬，感觉自己在与对方老板的谈判中占得了先机。她只知道她的季度销售额高于销售部的其他同事。但在回家的出租车上，她满心想的都是抱抱自己的孩子、和家人们度过一个轻松愉快的夜晚。

"我们玩'大富翁'吧。"晚饭后，她建议道。当时，这似乎是个好主意。可是，她的一番好意，怎么这么快就变成了一场灾难呢？

数周之后，伊娃仍在翻来覆去地想那天晚上发生的事，心中仍然感到遗憾。后来，她和同事们参加了我们举办的一次静修会，那次静修会的主题是"探讨我们行为背后的原因"。这时她抑制不住自己的感情了。讲完这件事后，她停顿了一下说道："我就是不能让他赢。在内心深处，我当时知道这是不对的，因为那只是一场游戏，输赢根本无关紧要。我只希望在离家多日归来后能跟他亲近亲近，但我无法阻止自己那样做。"

关于要不要让孩子赢，我们都有自己的看法。但当时伊娃真的想给山姆上一堂关于适应能力的课吗？这是她的良苦用心吗？不。从潜意识层面来说，她仍然处于工作的心态。她想要赢，而她10岁的孩子却在阻挠她赢。更重要的问题是，她真正想要的是和儿子共度一个爱心满满的夜晚，那么为什么她会如此争强好胜、一心想要战胜儿子，以至于生气地同儿子争吵起来？为什么她无法看到一场小小的灾难即将爆发？为什么她无法赶在灾难爆发前立刻让自己停下来？

我们为什么会做出那样的事情？我们行为背后的动机是什么？

在第一章中，我们探讨了那条分隔了有效行为和无效行为的分界线的重要意义，并且初步了解了驱动我们行为的四大普适法则：谦逊、爱、骄傲和恐惧。但它们是如何驱动我们行为的呢？很明显，伊娃的内心在那一刻被骄傲占据了，但是她心中所思是如何转化成她的行为的呢？同样重要的问题是，为什么当时骄傲占了上风，成了控制伊娃言行的主导性法则呢？

我们知道，自我认知和情商对于领导员工、管教子女、经营婚姻、建立人际关系等一切问题来说，都是很重要的。我们看到的那些发挥了他们最大潜能的人，都能对自己的心（情感）和大脑（思维）有一个清醒的自我认知，因为我们的行为就来自心灵和大脑。如果我们既没有意识到我们的心灵——我们性格的发源地，又没有意识到我们的大脑——我们思想的控制塔，那么我们就无法看到全局，在成长的道路上磕磕绊绊地前行。我们有能力成长，但前提是我们要解决掉那些一直把我们拖到"线下"的问题。

当你明白你为什么会做出那些举动时，你就可以做出更好的选择，从而更容易地避免那些让你在凌晨2点仍然辗转难眠、感到无比羞愧和内疚的时刻。你还可以实现更多的人生目标，建立更牢固的人际关系，过上更快乐、更充实的生活。

那正是伊娃渴望实现的目标。而她开始这段旅程的唯一方法就是问问自己："在那个星期五的晚上，我怎么了？当时我的内心是怎么想的？我的心怎么了？"当她掌握了方法，让她能探究并回答这些问题时，她就能辨识出自己的某种行为模式，并开始做出改变。

我们都可以这样做——从现在开始。

## 了解你的行为模式

"下次我不会这么做了。"

这句话你也许对自己说过无数遍。但当"下一次"真正到来的时候，你发现自己又重蹈覆辙了。或者，你可能看到别人在不停地重蹈覆辙。你看到，一个朋友每次在动了真情的时候，就会同恋人分手。或者，你看到，在每个季度即将结束的时候，你的老板就会越来越频繁地对你和你的同事大吼大叫。

我们都会重复自己的行为。当然，这会让我们想到，我们会重复那些我们不愿重复的事情，但好消息是，我们也会重复我们最好的行为。也许你会在朋友有困难的时候，赶紧伸出援助之手。或者，你会在同事遇到棘手的项目，苦苦挣扎时，助同事一臂之力。多重复那些有效的行为——在那样的时刻，我们从内心深处就知道，我们表现出了最好的自己；少重复那些无效或消极的行为，是让我们感到更自信、更安全、更有人缘、更充实的关键。但要做到这一点，我们首先得学到这种智慧：辨识出在我们日常生活中出现的行为模式，并了解它们来自何处。

而这正是让伊娃苦苦挣扎的原因。她的心在告诉她，她需要做出一些改变。那个倒霉的"大富翁"棋牌之夜让她意识到，她不希望再出现这种情况，但她不知道究竟该怎么做。伊娃还没有把她行为模式中的一个个点串联起来，也不知道它是由一个简单的公式形成的。这个公式就是：

$$情境 + 思维 = 行为$$
$$S+T=B^{①}$$

但是这个公式到底是什么意思呢？

当杰克和吉尔在中央公园散步时，一条狗突然朝他们跑来。杰克停下脚步，想要转身逃跑或者捡起一根棍子保护自己。但吉尔并没有停下脚步，而是走向那只狗，拍拍它，看看它是不是迷路了。杰克和吉尔的处境相同，但他们的行为却截然不同。杰克怕狗，因为他小时候被狗咬过。他想的是："那条狗要来咬我了。"吉尔一直养宠物狗。在她10岁时，她养的一条狗走丢了一个星期。她想的是："那条狗可能需要帮助。"即使他们处于相同的情况下，由于他们对狗的看法不同，他们的行为出现了差异。

这个公式听起来很简单，是吧？没错，它是很简单。然而，这正是活出最好的自己的关键！我们往往将我们的所作所为归因（甚至归咎）于当时的情境，导致我们无法看到那些在不同情境中反复出现的相同的行为模式。

我们还会发现，人的生活背景也很重要。背景和我们过往的经历如何塑造我们有关。我们每个人都有自己的生活背景，因此我们

---

① S: situation，情境；T: thinking，思维；B: behavior，行为。

都有自己独特的世界观。"情境 + 思维 = 行为"可以帮助我们辨识我们以前和现在的各种想法的背景，然后我们就可以修正我们的反应。

我们的心灵了解那些我们的大脑无法解释的事情。我们的大脑可以活在否定中，但我们的心灵追求真理。吉尔和她的朋友杰克并非无法摆脱他们的本能反应，他们是有选择的。正如著名心理学家罗洛·梅所述："人类的自由在于我们能够在刺激和反应之间停顿片刻，并在那个停顿的片刻选择一个我们希望做出的反应。"然而，如果想要利用这个机会做出符合我们真实意图的选择，我们就需要好好探索一下我们的思维。要知道，我们的思维是三个"T"的组合。

## 三个 T[①]：诱因、模板和真理

当生活中的各种情境出现时，诱因、模板和真理就开始生效，塑造我们的思维，进而塑造我们的行为。换句话说，我们的思维从我们的诱因、模板和真理中形成，进而形成我们的认知背景。

情境 + 思维 = 行为

↓

诱因

模板

真理

---

① Triggers, Templates and Truths，译为诱因、模板和真理。

诱因是环境中刺激特定思维模式（积极的和消极的）的各种不同线索（由我们的五大感官采集）。这些思维模式是基于模板形成的，每个模板都是存储在大脑中的记忆、情感和感觉的集合，它们来自过去的经历，并被存放在大脑中归档，帮助我们快速处理正在发生的事情。基于这些经验，我们还形成了关于我们自己、他人和世界运作方式的真理或根深蒂固的信念。杰克和吉尔基于各自的诱因、模板和真理进行思考，他们的思维模式是截然不同的。杰克："狗会咬人"="吓死我了"！吉尔："那条狗可能迷路了，我得去帮它"="去拍拍那条狗"。每个人的人生背景，都建立在他们过去的经历及其从过去经历中形成的真理的基础上。

那么，在这两种思维模式中，只有一种和真相相符吗？不是的。但对于杰克和吉尔来说，根据他们各自的生活经验，这就是他们各自的真理——"我"的真理。事实上，这两种想法都有可能是正确的：有的狗确实会咬人，但有的狗确实很友好。生活在"线上"的关键是，要知道是什么塑造了我们的生活，理解我们的诱因、模板和真理是什么，这样我们才能弄明白，如何回应和行动才是有效的。

我们基于负面经历得出的真理，可能会成为让我们深陷其中无法自拔的陷阱——它们也许会成为我们为了应对人生而对自己讲的故事。随后，我们可能会根据"我的这个人生故事"采取行动。它的确是"我的真理"，但不一定是真理本身。这可能会导致我们一头扎入一系列的自我信念中，从而阻碍我们发挥自己的潜力。然而我们都可以摆脱这个陷阱，发现一个更伟大的真理——这个真理让我们知道：我们能成为什么样的人，我们能创造出什么样的生活。

让我们再细细回顾一下伊娃的故事，看看具体是怎么回事。他们之间摆着"大富翁"棋盘（情境）。山姆问妈妈，能否让他晚点儿支付他欠的租金。可是她想，"重点是赢这场游戏"，所以她要儿子把租金交出来。在这种情况下，她对正在发生的事做出了一些有意识的思考，然后采取了相应的行动。然而，究竟是什么原因促使伊娃这样思考的呢？

从某些方面来看，"大富翁"游戏和伊娃前几周与供应商的会谈非常相似，当时她的老板就坐在她旁边。在这种情境下，战胜对手对她来说非常重要。当山姆开始和她协商时，同样的情绪和想法被触发了。突然间，她觉得在这种情境下战胜对手非常重要。她感到恼怒，这是她被触发的一个线索：情绪的突然转变通常是我们被触发的迹象。在第一章中我们看到，萨拉是被上司叫她谈话的事触发的；史蒂芬是被泰德虚张声势、指责别人的态度触发的；而保罗是由他的团队无法如他所愿扭转公司局面的事实触发的。

但这是为什么呢？比如，为什么伊娃在儿子山姆面前想要争强好胜呢？为什么在她的同事、供应商甚至她的朋友面前，她都会这么想呢？仅仅是工作触发了伊娃这种在任何情况下一定要赢的竞争需求吗？还是说，这是她的人生模式？如果我们来了解一下伊娃的人生，我们就会知道，她是家里三个孩子中最小的一个，她有两个哥哥。"在我的整个童年，"她在静修会上告诉大家，"我必须争斗一番，才能得到我想要的任何东西，甚至在餐桌上获得食物也是这样！"她的哥哥们比她高大、比她强壮。伊娃如果想赢，就必须更快、更强硬。她的父母属于下层中产阶级，对所有的孩子都有很高的期望。她相信，为了赢得他们的注意，她必须做得更好，让自己更优秀，并且永远不会输给别人，而这构成了伊娃的诱因、模板和真理，在工作时是这样，在玩"大富翁"游戏时也是这样。

## 我们的思维是如何运作的——我们大脑的硬盘

你的所有经历——无论好坏——都储存在你的大脑中，大脑会利用它们，以及你根据当前环境给予的信息，一起来塑造你的思想和行为。如果这些经历是积极正面的，并与内在价值、尊重等感觉相关联时，它们所形成的模板和真理，往往就会引导人们选择基于谦逊和爱的"线上"行为。如果这些经历不太积极，与被拒绝或缺乏价值的感觉相关联时，那么它们所形成的模板和真理，往往就会导致人们选择"线下"行为。

源于我们人生中的消极经历的模板有可能很强大，所以我们出现强烈的情绪反应或生理反应，尤其是因为它们与我们最基本的"或战或逃"本能相一致。结果，我们在其驱使下，选择了以自我抬高（骄傲）或自我保护（恐惧）的方式采取行动——这就是我们的应变策略。

伊娃形成的特定模板很简单："我必须赢，这样才能得到关注和认可。为了赢，我必须强硬一点。"在这一自我抬高或证明自我价值的模板内，融入了与她早年经历相关的各种情感，甚至生理反应：她输了一场比赛后，她的兄弟嘲笑她，让她感到愤怒；她的父母夸奖她的两个哥哥成绩好，却对她的成就只字不提，这让她感到伤心。（他们很可能也表扬了她，但不知为什么，在她听来却不是表扬——我们的大脑未必永远都能诠释真相！）

大脑中控制情绪和反应的部分称为"边缘系统"——大脑的硬盘，因为这里是储存模板的地方。而情境就像你的手指，你的手指点击鼠标（诱因），选择了存储相关模板的文件。伊娃被触发时，她的边缘系统点击并打开了她的"强硬并制胜"模板，然后将其付诸行动。在那一瞬间，她的新大脑皮层——负责分析来自边缘系统的输入，随后决定她的思考和行为——正在基于这样一个"真理"——成功是证明自我价值的方式，而失败则意味着在别人眼中失去价值——运作。这是真理吗？不是。但在那一刻，这就是伊娃的真理。每次伊娃受到这样的触发后，同样的模板和真理都会起作用，这就是思维转变为行为模式的过程。

想知道你能为你的孩子准备什么特别的礼物吗？积极的模板就是你能赐予他们的礼物。当伊丽莎白加入我们的团队时，我们被这个自信的年轻女孩惊呆了。她只有23岁，之前没有在公司办公室环境工作的经验；在加入我们公司之前，她曾是一名户外导游。从一开始，大家就知道，她不惧怕权威。在她的老板或长者面前，她从来不会显得紧张或没有底气。她有自己的声音，她知道自己是谁、要去哪里，她活得很自在。伊丽莎白一点儿都不自大傲慢，善于学习，也乐于向别人学习。"你是怎么变得这样优秀的？"我们很想知道。当我们对伊丽莎白的童年生活有所了解后，我们就全明白了。她生活在一个人人都有发言权的家庭。每天晚上，坐在餐桌前的每个人都会参与谈话。童年的积极模板让伊丽莎白学会了勇敢无畏、随时准备发言、随时准备倾听。对于他人和权威，她的诱因、模板和真理是："我有自己的声音，我很重要。"

## 利用"诱因、模板和真理"理解别人

了解我们的行为模式形成的原因，对于我们塑造自己的人生、实现我们的伟大目标和宏大理想，具有极高的价值。然而，如果我们想要对周围的世界产生积极的影响，那么理解他人的行为模式也很重要。

我们的一个朋友叫史蒂芬妮，她是一位六年级老师，和我们分享了一个鼓励他人的故事。雅各布是一个刚转入这所学校学习的新生。他被原来就读的学校开除了，带着严重行为问题的记录，来到了新学校。显然他存在较强的自卑，总是试图通过提防别人、假装强硬来弥补。他经常和班上的其他男孩吵架、打架，挑衅老师，很难找到朋友融入集体。他被认为是一个需要监督和帮助的学生。

　　史蒂芬妮很同情雅各布，因为她能看到，在"坏小子"的强硬面具背后，这个男孩在精神上很痛苦。他的父母离婚了，他和母亲、继父住在一起。从学校和他父母之间的互动来看，他的家庭生活存在很大问题，这个男孩似乎过得并不开心。史蒂芬妮决定努力与雅各布建立一种亲密而融洽的关系，但这需要时间。史蒂芬妮决定先和他聊聊，问问他周末都做了些什么事，他的生活怎么样。她表现得对雅各布很感兴趣。如果他向她挑衅，她就以坚定而尊重他的语气告诉他，她相信他。他经常说自己愚蠢，甚至还告诉史蒂芬妮，他的妈妈也这么说他。史蒂芬妮会反驳说，他很聪明、很有潜力。她会在举办重要活动时，特意交给他一些任务，让他知道老师信任他。结果，他接受了任务，并且做得很好。她看得出，在那样的一些时刻，他非常自豪。她想，这个男孩也许从没得到过这样的机会。

　　但雅各布和同年级的许多学生——尤其是一群在学校中很受欢迎的男生之间的距离仍然存在。他们会故意激怒他，而他也会做出激烈的反应。如果前一天发生了什么事，通常第二天他就会主动出手，进行报复。紧张局势一再升级，找校长的人多了起来。学校试图将雅各布和其他男孩隔离开，但这是不可能的。该开的会开了，该处理的问题也处理了。但对于史蒂芬妮来说，这些男孩显然并没有真正将心比心地对待雅各布，他们的道歉一点儿都不真诚，他们的行为也没什么改变。

她听过"情境＋思维＝行为"、诱因、模板和真理，在男孩们又发生了一场冲突之后，她决定将这套理论应用到实际中。史蒂芬妮和所有的男孩开了一个会，雅各布在学校中唯一的朋友也在其中。像往常一样，双方互相指责。很明显，这场冲突是因雅各布心情不好而引发的。在她追问了原因后，雅各布承认，那天早上他和母亲吵了一架。而其他男孩对他的消极情绪的反应是发起攻击，结果情势愈演愈烈，失去了控制。

她向这些男孩解释了公式"情境＋思维＝行为"，并花了一些时间解释了一番"诱因""模板""线上行为""线下行为"的概念。她要求孩子们回忆他们经历过的一次情绪体验，以及他们是否可以在此基础上建立一个模板。一个男孩承认他害怕蜜蜂，因为他曾经被蜜蜂蜇过一次。其他男孩讲述的关于事故、假期乃至电影的故事，这些事件都给他们留下了深刻的印象。然后，她让他们回忆一下他们情绪不好的时候，是什么导致的，其他人有什么反应。其他人知道他们心烦意乱吗？知道他们为什么在那一刻心烦意乱吗？或者说，对方只是一味批评他们、回击他们呢？再回到当天发生的事情上，她问他们是否也做过和雅各布半斤八两的事，他们的行为是在"线上"还是在"线下"呢？最后她的耐心开导终于起了作用，男孩们开始流露出真正的懊悔之色。

他们继续探索：对于别人的模板和行为，我们会做出什么样的反应？我们有哪些选择？突然，雅各布——他一直在静静地听着，而不是在为自己辩护或争辩——大声喊道："我的继父昨晚把我痛打了一顿！"听到他终于说出心里话，每个男孩都震惊地看着他。史蒂芬妮很快结束了这场谈话，她陪雅各布去了咨询师的办公室。咨询师对雅各布好言抚慰，并开始根据儿童保护条例采取相应的措施。

在把其他男孩送回教室之前，史蒂芬妮要求他们别把刚才知道的事情说出去。同时，她让他们好好反省一下，并想想如果他们遇到了雅各布的情况会怎么做。在接下来的几天里，有4个男孩抽出时间真诚地向雅各布道歉，并努力帮他融入群体中，而不是排斥他。紧张局势有所缓解了。

当我们理解了其他人行为背后的原因，我们就拥有了令人不可思议的洞察力，也就得到了真正的机会——不仅可以和他们缔结深厚的友谊，还可以积极地影响他们的生活。如果六年级学生都能做到这一点，我们成年人为什么做不到呢？

然而，并不是所有的模板都来自黑暗的所在。


肯是一家公司的高管，他显然非常富有同情心。在向我们描述他的成长经历时，肯说自己的母亲是一位单亲妈妈。他是独子，家中经济拮据。为了维持生活，他的母亲同时打两份或三份工。虽然肯那时还小，但他总是想办法帮助他的母亲。他想，如果他在学校时不吃午饭，他就可以把午饭钱放回妈妈的钱包里。他甚至还特意和那些父母能和自己母亲搭上话的孩子交朋友，这样他的母亲就不会感到那么孤独了。他不仅深知母亲在物质上的牺牲，还认识到了母亲在情感方面的需求。他在生命的早期形成了一个多么美丽的模板！这个模板成就了今天这位勇敢的领导者，使他重视人们的好意，并看到他们人性中的闪光点，而不是他们在"线下"状态时的消极反应。

肯向我们描述了这样一件事：当时，他和他的团队正在开会解决问题。这时团队成员大卫被同事们的某些评论激怒了。大卫把笔扔在桌子上，说："我受够了！"然后他冲出房间，"砰"的一声关上了门。一些团队成员很快开始公开批评大卫的行为。肯礼貌但坚定地打断了他们。他说，"这种行为和大卫平时的性格不符，我们得同情他，弄清楚他到底怎么了，而不是批评他。"肯亲自去找大卫，并给他打气，说道："我知道你刚才的行为和你平时的性格不符，你一定承受了很大的压力。我想让你知道，我支持你。"肯营造了一个安全的角落，让大卫能够诚实地面对他刚才的所作所为。值得赞扬的是，大卫随后回到了会议室，并向同事们道了歉。

肯有同理心、性格温暖，他追求的成功的内驱力，是以此为基础的，所以他是一个能成功地将做好工作和关心他人平衡起来的领导者。而所有这些都得益于他那积极向上的童年模板。

## 过于热心的大脑——"这只是一部电影！"

你有没有想过，当你坐在电影院里，看着 2D 或 3D 的大屏幕，虽然演员们扮演着那些你明知并不真实的角色，做着你知道从未发生过的事情，而你仍然会笑、会哭、会觉得恶心或感到气愤？在现实生活中，这一切都不会发生在你身上，也不会发生在你关心的人身上，但你仍然会出现令自己难以置信的情绪波动，甚至出现某些生理反应。为什么会这样呢？

大脑会调出模板来"帮"你。你可能会想，剧中人物的祖母去世了，这多么令人悲伤！而且你会真切地感受到那种悲伤，原因是：你的大脑基于两种感官——视觉和听觉，正在重演几个月或几年前你在乎的人去世时你所经历的情绪和身体感受，或者你出于同情心，因为其他人去世而经历了类似的情绪和身体感受。在看电影时，你可能不会有意识地想到去世的那个人，但你的大脑会把旧的模板调出来，告诉你，"挺相似的"，然后把过去的经历叠加在当前的场景中。

几年前，玛拉和我在一个美丽的海滩边度假。在那个星期，玛拉经历了一次可怕的食物中毒事件。她的模板是：我永远不会再吃咖喱虾了！事后，每当想起那个度假胜地，她就感到不寒而栗。那次糟糕的经历生成了两个模板：一是关于那道菜肴的模板，二是关于那个地方的模板。尽管那个度假胜地风光旖旎（而且大多数食物都很鲜美！），但是食物中毒事件和相关的模板歪曲了玛拉对整段经历的记忆。

你曾经吃过糟糕的食物吗？你是否发誓，以后无论在哪里看到那种东西，你都不会再吃一口了？或者，你曾纵情豪饮某种鸡尾酒、烈性酒，以至于现在只要有人一提起它，你就会感到反胃（如果你闻到了它的气味，那就更糟了！）？或者，你去了某个地方度假，结果在那里发生了不愉快的事，以至于你对那家连锁酒店，乃至整个城市或国家的印象，都差到了极点！

这些例子都说明：我们的大脑会将模板归档，并在一些时刻形成类似的模板，即使它们可能与此时的情境并不完全匹配。"极其相近"也许并没有任何用场，因为你当前所处的情境和你过去的经历是不同的。它就像一个热心但无知的向导，带着你走错了下山的路。"极其相近"的路，可能会把你带到山的另一边。

如果玛拉去朋友家赴宴，那位厨艺精湛的朋友也做了同样的咖喱虾，而她却打了个寒战，不愿意吃咖喱虾，那就不太合适了。如果玛拉不了解她的模板，不了解她的大脑是如何运作的，她可能就会说："哦，不！我不吃咖喱虾！光是闻它的气味就让我作呕！"这绝对不是巩固友谊的好方法。

在每一天、每一秒，你的大脑都在帮你的忙，有时候它帮得太多了！它打开你"硬盘"上的文件，调出模板，让你产生积极的或消极的情绪、身体感觉和想法——这些都是基于我们五大感官而输入的。如果你的大脑没有储存消极或积极的模板作为参照，那么每一天都将是一种新的体验，你将无法正常生活和工作——你会无法做出决定，无法发挥你的想象力，也无法产生同情心。可见，我们的模板使我们成为能干的、复杂的、关心别人、感情丰富的人。

但这些模板也会引发和当前情境并不匹配的情绪、身体感觉和想法，就像伊娃那样。"从你怎么做一件事，就能看出你怎么做所有事。"——虽然我们并不知道这句话最先是谁说的，但我们似乎都认同这句话。我们的模板是我们形成重复性的行为模式的原因。伊娃的"争强好胜"模板决定了她如何与儿子玩游戏、如何与供应商谈判、如何在圣诞晚宴上和兄弟们一较短长。多年来，这个模板似乎一直很适合她。她以全班第一名的成绩从高中毕业，进入了一所名牌大学学习，并被一家享有盛誉的公司录用。在她的职业生涯中，"为赢而战"帮助她成为公司的销售冠军，赢得了最高端的客户，并谈下了一些苛刻的条款。在她为期数周的商务旅行和谈判过程中，伊娃的模板似乎帮助她实现了她的目标。

可是，在陪伴山姆玩耍的时候，伊娃把他当成了竞争对手，在那一刻，她的模板并没有帮上她的忙。

"似乎"这个词在这里很重要。虽然伊娃在很多方面都很成功，但这种通过基于骄傲的模板实现的成功，其代价是承受不必要的大量压力、焦虑、筋疲力尽。伊娃本可以带着一颗充满谦逊和爱的心来完成同样的事情，使她和山姆闹不愉快的时刻大大减少。她本可以对自己获得成功的能力充满信心，并不需要证明自己有这种能力；或者去认识自己，并不需要不断地证明自己、表现、力求完美；或者去爱自己，发现真实的自己，并由此得到平和、宁静。

但是，当使用了那些"线下"的方法并获得了成功后，那么在我们为了实现目标而努力时，就很难区分"线下"和"线上"的方法了。当一个模板在发挥作用时，我们很难看清真相。因为我们的各个模板也有相关的事实作为支持，这些事实由我们的新大脑皮层负责传递，而大脑皮层忙着分析存储在大脑边缘系统中的资料。如果说，大脑边缘系统是存储中心，那么可以把大脑皮层想象成控制塔，它负责分析并决定如何处理我们所有的情绪、记忆和当前的情境。它的使命是保护我们免受痛苦的折磨。太好了！

但大脑皮层的奉献精神有时也会给我们带来问题。每当它从边缘系统接收到威胁我们幸福的信息时，它就会插手进来，使我们免受伤害。大多数情况下，它会通过采用某种防御性的应变策略来做到这一点。我们的新大脑皮层非常擅长做这样的事情。因此，我们往往不会察觉，我们已经从有效的性格导向的策略转向了无效的应变策略！

请看下面的图片。所有的横线看上去都是倾斜的，对吗？

咖啡墙错觉——《边界锁定和咖啡墙错觉》

事实并非如此。这张图中的每条横线都是完全水平的，但我们的大脑却在说服我们相信一个全然不同的事实。即使你知道这些线是水平的，你的大脑仍然在传递一个信息：它们是斜的，不是平的。你很难不这样想。正如我们之前提到的一样，大脑虽然很神奇，但未必是最佳的真理来源，这真是太不幸了。有时，想给我们帮忙的新大脑皮层会做出决定，使用无效的应变策略，而不是"线上"的性格导向的策略，让我们远离痛苦。所以，我们必须想方设法、挖掘出隐藏的真相。

和大多数人一样，伊娃并不知道，在玩这场"大富翁"游戏时，她的大脑里发生了什么。然而她打心底觉得，她的回答并不合适。她伤了山姆的心，这与她内心最深层的意图恰恰相反。在深入探究了公式"情境＋思维＝行为"后，她有生以来第一次意识到，她的消极性竞争行为（与追求成就——积极的竞争——相对）来自何处。任何会出现赢家和输家的情境，哪怕只是和儿子一起玩游戏，都会触发她一心求胜的强烈需求，以证明她自己的价值，并让她自我感觉良好。她想要改变这一点。

就像玛拉常常说的，"我不必成为大脑边缘系统的奴隶"。我们不必被无效的模板困住，也不必受到阻挠，导致我们最美好的愿望无法实现。通过辨识和理解我们的诱因、模板和真理，以及之前模板的背景和当前的情境，我们就有机会做出不同的选择，无论是在现在还是将来。我们可以花更多的时间居于"线上"，使我们的所作所为与我们的最佳意图相匹配，让我们对自己、对自己行为带来的结果更满意。这种转变是我们性格成长的关键，就像所有重要的、持久的改变一样，但这种转变必须始于我们的内心。

不久前，我们收到了一封伊娃发来的电子邮件，写的是他们打网球的事。"我们一家人经常一起打网球。"她写道。"哎呀，糟糕。"我们想。但这次她的所作所为却让我们大为惊讶。伊娃走上球场时，就下定决心要做出一个不同的选择——要使她的心、她的思维和她的行为跃居"线上",并把与家人共度欢乐时光看得比获胜更重要。

果然,比赛开始 10 分钟后,她的女儿杰西打出了一个漂亮的擦边球,但伊娃觉得这个球出界了。"这个球出界了。"她说。杰西回答:"没有出界啊。"

---

⚙ **练习:情境 + 思维 = 行为 转变所需的洞察力**

回忆一下,在过去的 6 个月里,你所经历过的最糟糕的"线下"时刻。现在思考以下问题:

1. 如何描述你的行为?哪一方面是"线下"的呢?

2. 当时是什么情况?还涉及哪些人?是什么导致了这一时刻的出现?危及了什么?

3. 当你跌至"线下"时,你在想什么?

4. 在抗拒一种试图责备别人的心态的同时,你能找出导致你跌至"线下"的诱因或模板吗?发生了什么事,会让你跌至"线下"?

5. 当时有什么事情是你绝对相信的吗?你的思维和你的行为是否和什么"真理"有关?

6. 你的"线下"行为试图达到什么目标?其目的是什么?

7. 思考一下你的人生经历。你能回忆起另一个你做出类似表现的时刻吗,尽管两者的具体情境并不相同?如果比较一下你的行为模板在不同情境下的表现,你会对你的模板有什么新的认识?

8. 下次当你遇到类似情况或诱发事件时,你能采取什么不同的措施呢?

"接下来发生的事情，"伊娃写道，"对我来说都太熟悉了——有被触发的感觉。我的第一反应就是想要争论一番，我的血压升高，我认为自己绝对是对的，觉得得分是最重要的。"但这一次，她提醒自己：那个模板正在起作用，它在试图填补她内心的空洞。随后她做出了与过去不同的选择。"这毕竟只是个游戏。"她想。

"好的，别担心。"她说，然后笑着准备迎战杰西的下一个球。

我们的心灵和思想协同运作，把我们拉到恐惧和骄傲的"线下"，或推到谦逊和爱的"线上"，它们诠释了各种各样的人类行为。否定是成长的敌人，真理让我们自由成长，成为我们应该成为的人。当我们让聪明的大脑和美丽的心灵协同运作时，我们就会获得转变所需要的洞察力。

# Chapter 03 >>>

## 心中的空洞、伤口和黄金

本正处于大好年华，享受着成年后最欢乐的时光。他的妻子正怀着他们的第一个孩子。在得知这个消息后的几天中，本欣喜若狂。但随着时间的推移，本出现了一种新的情绪：怀疑。

"如果我和我爸爸一样，那该怎么办？"

大多数人都会说这样的话，"哈，我很像我的爸爸/妈妈。"但我们在说这句话时，往往带着一丝爱意，怀有对父母的敬重，或者还带着一点儿幽默。因为我们亲眼看到，我们的父母非常优秀。但对本来说可不是这样。

我们见到本的时候，首先给我们留下深刻印象的是他健壮的体格。他每周会在健身房中锻炼几个小时，这让他的身体变得特别强壮。他的目光很直接、充满挑战，就像他的幽默一样。当他试图与人沟通，或不同意别人的观点，不喜欢谈话的走向，感到不自在时，讽刺是他惯用的语言表达方式。无论想表达什么感情，他总是语带嘲讽。

我们可以看到，他的许多行为都是由骄傲引起的。骄傲导致他在与人交谈时，总是以一种令人生畏的、盛气凌人的方式表明他的观点和立场。随着我们和本熟识起来，我们了解到，他的骄傲源自内心的恐惧——恐惧也是他对自己即将为人父心存疑虑的根源。从表面上看，他似乎很坚强，但实际上他非常脆弱。

童年和少年时代的本可爱、心肠软，稍稍有点儿矮和胖。他在学校里经常受到嘲笑和欺负、排斥和批评，幼小的心灵深受伤害。他的父亲靠自己奋斗获得了成功——他的父母是在他出生前一年来到美国的。本的爸爸从小就非常坚强，并且他一直坚持自己的风格，闯出了一片天地。本是他唯一的孩子，性格却那么软弱，这在他看来简直是一个谜。出于保护儿子的善意，本的父亲相信，他必须让儿子坚强起来，这样才能让他在这个世界上立足。于是，他经常对本施压，很少流露温情或表达积极的情绪，甚至当他的妻子展现出温柔的一面时，他总是找她的碴儿，这无疑是雪上加霜。

到读高中时，本已经从父亲那里得到了足够多的教训。他经常锻炼身体，青春期发育让他减掉了身上所有的赘肉。他成了班上的"耍宝"人物。大家都不敢惹他，害怕被他欺负。由于害怕遭到拒绝，他封闭了自己的内心，不再让情感外露，转而靠愤世嫉俗的外表和强大的体力来抬高和保护自己。在接下来的二十年中，他一直都是这样做的。本发现了一个"真理"："强硬意味着成功。如果我不强硬一点儿，我就会被我在乎的人拒绝，被其他所有人欺负。"

他工作非常有效率，但作为同事和领导，他与人疏远，令人生畏。俗话说，"受伤的人也会伤人"。人们害怕他，被他的言行深深伤害。他没有亲密的朋友，只有那些喜欢彼此冷嘲热讽的"伙伴"。

后来，和妻子坠入情网让他变得柔和了一点儿，外表不再那么强硬，但是在我们和本接触的时候，很明显，他仍然在阻止别人去爱他。

他的人际关系并不像他希望的那样令人满意。展现真实的自己、敢于暴露自己的缺点——这样的想法对他来说太可怕了。可悲的是，凡事有利必有弊。他也在给自己设置障碍：让自己无法全心全意地去爱别人。即将成为父亲的现实，终于让本意识到了一个问题：他不想让他的孩子也过这样的生活。在他一生的大部分时间中，他都摆脱不了心灵的空洞和伤口，他不想再这样继续下去了。

## 进入空洞——并且找到自由

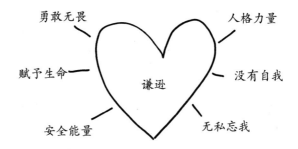

勇敢无畏　　　人格力量

赋予生命　　谦逊　　没有自我

安全能量　　无私忘我

这些空洞和伤口究竟是什么呢？"空洞"通常被视为一种匮乏——往往是缺乏爱、尊重、自我价值、安全感、教育、父母或成就。"伤口"源于我们内心受到的攻击，即我们从未释怀、放下的过去的某段经历，比如，遭到拒绝、受到批评、被人取笑、经历失败。回忆一下你被某个朋友背叛的遭遇（如果你和大多数人一样，那么在残酷的中学时代，这样的事情至少发生过一次吧！）；想想曾经的一段感情最后是如何结束的；想想你和家人连续多月的争吵。这些经历都会在我们心中留下空洞和伤口，妨碍我们的性格成长。想想前一章中与儿子争输赢的伊娃：小时候她有时觉得，她的父母并不像爱她的兄弟那样爱她，所以形成了"缺爱"模板。

我们试图通过一些受到骄傲驱动的行为——比如，假装自己很专业，硬充团队领导，或者居高临下地说他人坏话，让我们自我感觉良好或产生优越感，以此来抬高或证明我们自己，从而填补那些空洞。我们试图通过一些受到恐惧驱动的行为来避免那些伤口带来的疼痛，避免遭到拒绝或批评。为了得到别人的认可，我们可能会阿谀奉承别人；或者我们可能因为对自己没有信心，会不断贬低自己的观点。当我们感觉不到别人满满的爱意时，我们就会用骄傲进行弥补——用自我抬高的行为来掩饰痛苦，比如过度竞争或追求完美。（矛盾的是，在一种重视"线上"行为的文化中，当我们为了保住工作而自我抬高时，我们反而会面临丢掉这份工作的风险。）当我们感觉不到内心的力量和价值感（来自谦逊）时，我们就会用寻求认同、依赖他人和躲闪逃避来弥补。这就是"X因素"，我们将在第六章中更深入地探讨它。

当然，过去未必只有糟糕的经历，我们也有很多美好的回忆。美妙、积极的体验深深留存在你的内心深处，磨砺你的性格，积累你内心的黄金。我们所说的"黄金"，是指各种形式的爱——被别人爱、爱别人、爱自己——以及伴随这种爱的谦逊。爱所孕育的一切美好——有同情心、真诚、快乐、对自己和周围的人怀有梦想——会使你成为一个了不起的人。

回忆一下你和兄弟姐妹、父母、朋友或伴侣度过的最美好的时光，重温一下他们对你的支持和爱。回忆一个由你负责、由你和同事们或团队成员搞定，最后改变了你的职业生涯的重要项目。回忆一下你和你的伴侣共度的第一个激动人心的时刻——你第一次意识到你爱上了对方，而且对方也爱你。所有这些经历都有助于在你的内心形成黄金。

你和本，以及其他所有人一样，非常善于做一件事：抓着过往的经历不放手（当然，你一定还善于做许多其他事情，但这件事是几乎所有人都擅长的）。在你的一生中，从童年时代到现在这一刻，你的经历一直在影响你的心灵，你能感觉到，它们在你的心中形成了一个个模板。现在大家都知道，我们的童年塑造了我们的人生。

在一项研究中，研究人员对710个芬兰家庭进行了长达七年的追踪调查，目的是研究早年的人际关系对儿童情绪发展的影响。调查结果显示，与那些童年时期与父母关系不和（如家长过于专制或彼此疏离）的孩子相比，那些童年时代拥有健康、和谐家庭关系的孩子，长大后更善于管理和应对各种情感体验。

我们的童年塑造了我们的心灵——心灵的空洞和伤口、心灵的黄金——从而塑造了我们的性格。我们很幸运，有勇气、知识和智慧去发现那些无效的行为，磨炼自己的性格，换一种思维方式以改变行为，这是我们都拥有的人生礼物。你往往比想象中的自己更强大。当我们臣服于一种更强的力量之后，我们就会变得更强大。

## 淘金

小时候，老师让我们在课堂上大声朗读课文——有时还得站在黑板前，所有同学的眼睛都盯着我们。读者朋友，那时你是感到放松，还是感到紧张呢？紧张到了什么程度呢？不同读者对此一定有不同的感受。我（史蒂芬）当时惶恐至极，而且我有充分的理由。我的老师不了解我的特殊情况，我当时也不知道：自己有阅读障碍症。在读小学三年级的时候，我的老师（可能他想帮助我进步）经常让我站在全班同学面前大声朗读课文。我会犯一个又一个错误，常常让全班同学哄堂大笑。对他们来说这很有趣，但对我来说却是奇耻大辱。我的内心出现了空洞，产生了一种缺乏自尊感。我的同龄人嘲笑我、排斥我，给我的内心带来了创伤。到三年级结束时，我已经形成了一个"真理"，那就是：在学校里我永远是个差生。

毫不奇怪，最后，我再也不想在学校里好好表现了。随着年龄的增长，我成了一个捣蛋鬼，用叛逆来填补那个因得不到尊重造成的空洞。用一种假装的自信，证明我是多么聪明、多么坚强、多么不惧权威、多么不在乎那些有权评判我的人。

三年级时的那段经历、尚未确诊的阅读障碍症，是我人生之河中的一个弯道，是塑造我的人生的一段关键经历。如果你了解河水如何流动、河流如何随时间的流逝而形成，你就会知道在河湾处堆积的是淤泥。但是如果你曾经淘过金，你也会知道，淘金的最佳位置不是笔直的河道，而是河流的弯曲部分。金子往往会随着泥沙一起沉积下来。我们可以把空洞和伤口看作淤积在黄金周围的淤泥。读小学三年级时，我的人生之河中当然沉积了不少泥沙，而被泥沙掩盖的黄金，也随之沉积下来了。

在那段河流弯道中的"黄金"是什么呢？作为一个年轻人，当我了解到我完全具有学习能力时，我发现我对学习有激情，渴望让自己和他人得到成长。事实上，帮助人们了解自己——这条道路有时也很难走，但是，让他们磨炼自己的性格、建立自己的价值观，已经成为我人生目标的一部分。为此，我付出了不少努力，争取用乐于成长、同情他人、助人成长，代替争强好胜、寻求认同的虚假自信。如果我没有把我的这段消极的人生经历看作成长的机会，没有磨炼我的内心，没有形成一种积极的心态，我是不可能做到这一点的。

我把它称为：把杂乱无章的东西变成对自己有用的信息。

这些经历塑造了我们的内心，而我们遵循四大法则生活。当刺激我们的情境出现时，这些信号会影响模板的选取，从而影响我们的思维和行为。内心的空洞和伤口会让我们在恐惧和骄傲的阴霾中，试图依赖应变策略渡过难关，导致我们选择"线下"行为。而心灵深处的黄金会让我们跃至"线上"。

强化内心的方法是找到我们内心的黄金，并使其不断增加，有时这意味着在人生之河的弯道中淘金——在可能带来内心空洞和伤口的艰难经历中磨砺积极向上的品质。这是我们的"逆商"，因为我们的性格会在逆境中得到锤炼。我们通过把积极的学习和成长机会嵌入消极的生活经历中，可以锻造我们的性格。这就像淘金者轻轻冲走表面的泥沙，让淘金盘底部的金子露出来。

通过强化我们的内心、磨砺我们的性格，我们都能在身负重压时仍然稳居"线上"。那么，当老板把你叫进他的办公室时，当你十几岁的孩子拿着糟糕的成绩单回家时，或者当你的嫂子在阴阳怪气地假意恭维、实则讽刺你时，你就不太可能会采取"线下"的应变策略了。如今，每当史蒂芬不得不在一群人面前大声朗读时——在他每次开会时都会遇到这样的情况，他都会从自己的内心深处寻找力量，避免让一个脆弱的小学三年级男孩的诱因和模板来支配他的人生。


## 坦然接受空洞和伤口

一个叫莉亚的女孩，在早期职业生涯中，她遇到了一个非常专制的老板。他让她觉得自己一无是处，甚至在几年后，她还经常做同一个噩梦，梦见她的新公司聘用了此人。她总是大汗淋漓地醒来，再花10分钟时间告诉自己，这不是真的。心灵风格理论让她发现，这段早期经历在她心中造成了创伤，致使她容易做出冒犯他人的行为。任何来自上级的反馈，对她而言似乎都是攻击。于是莉亚对自己做出了承诺——我们可以称之为内在誓言："我再也不会相信我的老板了。"通过强化我们"线下"的应变策略，这种内在誓言只会在河道中增加更多的淤泥。在当今世界中，很多人都遇到过专横傲慢的老板——希望这些老板不会让你噩梦连连！但是，有多少人真的愿意花时间去发现其中的好处，从而摆脱这种经历、实现个人成长呢？

把糟糕的行为归咎于过去的经历或归咎于我们人生中遇到的人——我们不相信这一套。责备只是一种基于恐惧和骄傲的策略。但我们相信，若想做出更好的选择、锤炼我们的性格，就需要我们理解自己所作所为的根源。发现你真实的自我，并（在大部分情况下）稳居"线上"，是一段理解我们内心的黄金、空洞和伤口的旅程，正是这一切塑造了我们的人生。

我们可以让那些空洞和伤口成为燃料，把它们视为成长的机会，改变自己和他人的人生。有些人可以克服他们的空洞和伤口给他们造成的困难，坦然接受它们的存在——它们也是性格锤炼过程的一部分——使它们成为自己生活在充满勇气、谦逊和爱的"线上"的燃料。

生命是如此有价值！无论我们过去有什么样的人生经历，无论发生了什么事，我们都应该得到幸福。消极的事情可能发生在我们身上，但它们可以塑造我们，不必让它们决定我们的人生或摧毁我们的人生。最后，定义我们的是我们如何应对生活，以及我们做的关于我们是谁、我们想成为什么样的人的决定。我们会成为什么样的人？这在我们的掌控之中。

我们如果沉湎在内心的空洞和伤口中，就很难改变我们的"线下"行为，因为它们会不断地把我们拖下去。你心中的黄金也许会被空洞和伤口的淤泥埋藏，然而它们却是转变的关键。

随着本的第一个孩子即将出生，本选择踏上这段征程。他内心的空洞和伤口，都在他的行为中有所体现。本开始问自己这些问题："我的心怎么了？是什么塑造了我的人生？"这时，本的"真理"被爱软化了。

现在的本和我们初次见到的本已经判若两人。他是孩子们慈爱的父亲，也很风趣幽默。有时他还是会冷嘲热讽，但他已经意识到了这一点，不再用讽刺来贬低别人。相反，他学会了在开玩笑时对事不对人。他一直在努力磨砺自己的性格。在写给女儿的信中，马娅·安杰卢捕捉到了这种智慧："你可能无法控制发生在你身上的所有事情，但你可以不受它们的影响。"本学到了这种智慧。

### ⚙ 练习：模板时间轴

七年的时间会让大多数人的人生发生重大变化。7 岁、14 岁、21 岁、28 岁和 35 岁的差异常常是巨大的，我们在这一段段人生旅途中积累的经历——无论好坏——都是天差地别的。每一段人生旅途的经历都会塑造我们的心灵，形成一个个模板，影响我们的性格和行为。

辨识它们是理解我们行为根源的关键。现在花点儿时间把这个礼物送给你自己吧。去发现那些阻碍你前进的事情，以及如何放飞自我来改变你的内心、你的思想和你的行为——这可能是你能做的最重要的事之一。

如下图所示，在一张纸上画一个表格：

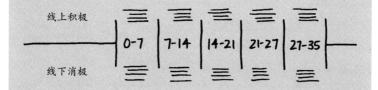

1. 在线的上方，写下一两段生动、积极、快乐的回忆——当你想到你在这个年龄段的时光时，这些回忆就会浮现在你的脑海中。谁对你的人生产生了深远的、积极的影响？对方是如何影响你的？记下这些至今留在你的内心深处的美好经历带给你的黄金。

2. 接下来要做的事，需要勇气和谦逊。花点儿时间想想你为什么会填这个表格，你想要什么样的人生，你想要什么样的人际关系。想一想，你如何受到启发并找到真实的自我，拥有成长所需的洞察力。现在，把你的思想和心灵转向你所记得的每个年龄段中的不那么积极的经历。当你想到这一件件、一桩桩往事的时候，你的心里有什么感觉？那段经历是否伤害了你的心灵？

3. 现在，根据你的这些发现，哪些"线上"或"线下"的模板可能导致有效或无效的行为模式？你认为哪些关于人生的"真理"会帮助你或限制你？哪些"真理"可能是你多年来对自己说的谎言？在回顾这些经历时，你认为你是什么时候被触发的，是如何被触发的？

4. 最后，回顾一下你写下的一切。这些空洞、伤口、黄金、诱因、模板和真理是如何塑造你现在的生活的？为了成为最好的自己，你准备不再依赖什么，开始依赖什么，继续依赖什么？每天都照着这些模板来行动，直到你成为那样的人。

在上面的练习中，我们分享了一种能够帮你发现你的行为根源的技巧。本和所有我们培训过的人一样，用它来更深刻地理解自己的思想和行为。我们希望它也能帮你这样做。


## 像石头一样凝固的水泥：找到你的内在誓言

一个 5 岁左右的小女孩正在看她的妈妈准备晚宴。桌上铺着最精美的亚麻布，她妈妈穿上了礼服。小女孩兴奋极了，她也想为这个特别的晚上尽一点儿力。她一遍又一遍地问妈妈，是否可以帮忙把那些美丽的玻璃杯拿到桌子上。妈妈终于让步了，她给了小女孩一个托盘，让她把三个玻璃杯拿到餐厅。这些玻璃杯是小女孩的妈妈从她母亲那里继承的，她母亲又是从她的父母那里继承的。"小心点儿"，她妈妈说，"这些玻璃杯对妈妈来说很特别，不要把它们摔坏了。"

小女孩一边走一边盯着这些玻璃杯，确保自己不会失手摔了它们。可是，就在她走到桌边时，她被地毯边缘绊了一下，摔了一跤，重重地摔在了地板上。托盘和玻璃杯被摔在了地上。

"让开！看看你都做了些什么！"妈妈大叫着，把小女孩从散落一地的玻璃碎片中一把拖了起来。"我说过让你小心一点儿！"妈妈喊道。小女孩站在旁边，边哭边看着妈妈小心翼翼地捡起那些玻璃碎片。

这样的经历我们都有，作为故事里的孩子，或者作为故事里的大人，或者都有——如果我们愿意说实话的话！那位母亲非常紧张，她担心女儿会失手，但一个 5 岁的孩子却不明白这一点。从小女孩的角度来看，她本想帮忙，可她把事情搞砸了，让妈妈生气了。那次经历以及其他试图让妈妈高兴的类似经历，让她产生了一种"自我价值空洞"（"我不够好"），并形成了一个内在真理："生气 = 不爱。"你如果想得到爱和尊重，就不要犯错误。

那个小女孩就是我（玛拉）。今天我可以告诉你，我是一个正在恢复中的完美主义者！我过去常常因为给客户的报告中出现错别字而抓狂。有很多次，由于我害怕受到批评，并骄傲地想要证明自己的价值和声誉，我变得紧张、唐突、消极、吹毛求疵。虽然我通常是一个讨人喜欢的领导者，但我可以变成一个追求完美的怪物，吸走方圆 50 码内的任何乐趣和快乐！在那些时刻，我在满足我的内在誓言：我再也不会犯错了，必须把事做好。

在人生中的某个时刻，我们每个人都曾许下内在誓言。"内在誓言"是我们在内心中对自己做出的承诺，通常是为了填补某个空洞，或保护我们不受某个伤口的影响。人们谈起他们的内在誓言时，往往并没有意识到它们是内在誓言，而内在誓言却可能会限制他们在人生中做出的选择。它们通常是以"我再也不会……""我答应自己……""听我一句劝，永远不要……"开头的一些话。你可能对自己说过下面这些话或类似的话，或大声对别人说过这样的话："我再也不会去大公司工作了。""我向自己保证，我不会和离过婚的人约会。""我再也不和那个人说话了。""我再也不会相信男人/女人了。"有时候，这些内在誓言既不坚定又不长久；有时候，它们会持续一生，直到你承认为止。最重要的是，它们让我们不再拥有选择且无法成长，并让我们变得固执己见。

有时它们能使我们的心变得谦逊或充满爱。例如，我们遇到过很多像本那样的人，他们在努力成为充满爱心、关心子女的父母，因为他们的父母恰恰相反。他们在内心发誓，不会像父母对待自己那样对待自己的孩子，并积极地利用它，在恐惧中埋下黄金。另一个具有积极作用的内在誓言的例子是，不要在电子邮件中唇枪舌剑。

然而，更常见的情况是，我们的内在誓言强化了我们的"线下"应变策略。它们阻止我们看到事实真相或一个人的真面目，限制了我们的人际关系、机会、自我意识和成长。玛拉的内在誓言"我再也不会犯错了"，让她走上了完美主义的道路。这对她来说很有压力，但对她周围那些被卷入完美旋涡的人来说更是如此。

我们的"内在誓言"和我们的"真理"经常是联系在一起的。对于玛拉来说，它们当然是彼此联结的。在她30出头的时候，玛拉开始审视是什么塑造了她的心灵，以及它是如何继续塑造她的思维、行为和生活的。这样她才能够正视空洞、内在誓言和真理，并磨砺自己的性格。但是，正如她所说："到鬼门关走了一趟才让我醒了过来，让我停了下来，真正面对自己。我得了癌症，而且很严重。多亏了现代医疗技术，我才活了下来。但我真的相信，我所做的决定——真正去了解我自己是谁、我在如何生活——在帮助我以爱而不是恐惧与病魔作斗争。这并不容易，我做出了一个清醒的决定：不问结果，专注于做最好的自己，不管最后的结局如何。"

玛拉的完美主义和许多"线下"行为一样，似乎能让她受益，直到她花了几年的时间才明白，它会带来负面影响。我们的内在誓言会给我们带来一种控制感，但有时它们会造成严重的问题。对什么人、对什么事都怀恨在心是对内在誓言的任性保留，它让我们受到"自我"的驱动变得骄傲，还能像水泥一样凝固下来，让我们的心灵沉湎在负面情绪中，滑落至"线下"。内在誓言虽然从表面上看似乎有用，但有时或多或少地会束缚我们。史蒂芬回忆道："我第一次滑雪时的表现糟糕透了，让我觉得自己是个失败者。出于骄傲，我发誓，我再也不去滑雪了。十年后我才明白，作为一个初学者，我只是没有得到学习滑雪所需要的帮助而已。最后，我答应和朋友一起去滑雪，上了几堂课，也喜欢上了滑雪。我的内在誓言并没有严重限制我的生活，但它让我在那十年中都没能享受到滑雪的乐趣。"

## ⚙ 练习：许下誓言（然后放手！）

1. 列出一些你对自己许下的承诺或誓言。如果你一时想不起来，想想你是否在遇到什么事情时，说过以下这些话：

"我永远不会……"

"我将永远……"

"我向自己保证……"

"我讨厌……"

"我必须……"

2. 现在考虑下面的问题：

这个誓言对你有什么用？它是如何保护你或帮助你证明自己的？

这种誓言在哪些方面限制了你的生活或你所做的选择？

你可以用什么样的积极承诺替代它，使之能对你的人生有所助益？

3. 我们的内在誓言并不都是显而易见的。回想一下过去一两年中你做过的一些决定，比如是否接受一份工作、追求一段感情或出门旅行。如果你深入分析这些决定，你能找到可能影响你做出这些决定的内在誓言吗？

4. 现在，鼓起勇气，问问自己：我需要原谅谁？我该怎么做才能放下这一切？

## 锤炼性格的六把钥匙

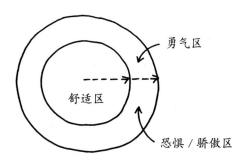

锤炼性格指的是勇敢地拓展内心的个人舒适区。待在我们觉得安全、有保障、能控制的地方，实际上可能是生活在自我限制的恐惧和自我驱动的骄傲中，是一种自我欺骗。几乎在人生的每个方面，你都需要做最好的自己。有趣的是，当我们在人生中取得更多成绩时，我们就有机会成长或停留在舒适区边缘。例如，你在工作中表现出色，得到了晋升的机会时，你会立刻体验到对失败的恐惧，害怕别人会议论你，怀疑自己是否能胜任这份工作，甚至觉得你必须采用"装腔作势直到真正成功"的策略。不管你喜不喜欢，若想磨砺性格，你都需要拿出勇气直面内心的恐惧，而不是用受到自我驱动的骄傲来掩盖它们或逃避它们。让自己成长，意味着把恐惧或骄傲区看作能够带来学习和成长机会的勇气区。

### 1. 勇敢地面对自己

提升自我认知：更深入地了解自己。写"情境＋思维＝行为"日志。质疑自己的反应："今天是哪个/哪些情境触发了我？我为什么会做出那样的反应？我怎么了？"每天留出5—10分钟（在书中或在你的电子设备中）写下你的发现。在每个周末回顾你的笔记，你得出了什么结论？下周你会做出哪些改变？

找出支配你的情绪：当你出于恐惧或骄傲而退至"线下"时，你要有所觉察。记录你发现的任何诱因、模板、真理、空洞、伤口和内在誓言。每周给自己定一个目标，练习自我控制，逐步消除那些情绪反应——情境＋思维＝行为！它们什么时候最有可能被触发？下次再发生这种情况时，我需要多大勇气才能察觉？

在生命之河的河湾处找到你的黄金：什么事在一开始似乎很难，其实是源自过去的一段消极经历？

做一些没人知道的善事：定下一个目标，一周做一次善事，或者每两周做一次善事，至于具体做什么，只要适合你就行。同时，尽你所能不要被别人注意到你的善举！这样做能磨砺你的性格，使你不再依赖别人的认同，其效果会让你惊讶！只有你知道——这才是最重要的。

### 2. 勇于尝试新事物

下决心冒一次"有备之险"，在你习以为常的生活环境外，做一些你平时不做的事情。做点儿新鲜事情或学点儿新东西：学习烹饪、舞蹈、音乐或语言；练习公众演讲；参加团体操；上健身课，这样你就可以自己使用那些健身器材了。

你甚至可以尝试一些你从没做过的运动，这有助于塑造你的性格，比如滑雪、绳降、在大海里游泳、玩单桨冲浪、跳伞或攀岩。对于恐高的人来说，爬到半山腰就是一个了不起的目标。我们最近与一位领导共进晚餐，庆祝他的成功——两年前我们和他一起爬山，当时他被吓得动弹不得，只能半途而废。后来，他磨砺了自己的性格，再次挑战那座山峰，最终登上了峰顶。

### 3. 勇敢地面对他人

不要觉得必须怎么做，每天试着做出一个诚实的反应。感受一下这样做会给你带来什么感觉，并记录下每次你做真实的自己时别人的感受。

当骄傲占据了你的心时，勇于承认并纠正错误。尽你所能弥补你的行为。在某些情况下，这可能意味着你需要道歉。如果别人有更好的主意或者你原本可以做得更好，应当马上承认。

在别人效率低下时，尊重对方，积极地看待他人。你不必宽恕无效的行为，但你可以选择不去怪罪当事人。透过对方的行为看本质，想想对方是不是遇到了什么麻烦事。

### 4. 学会宽恕

我们的"线下"行为很少让我们自我感觉良好。我们会因为自己对待他人的方式、自己做出的糟糕选择而感到羞愧和内疚，这会让我们更加急着去否定，让我们更难释放内心的黄金。我们一定要承认这些感受，原谅自己和他人。人性中有美好的一面——我们需要宽恕，因为宽恕能让我们从妄加判断的泥沼中解脱出来。人生不完美，人也不完美，这就是我们需要宽恕的原因。宽恕具有强大的力量，是人生中最能让人释怀、最能赋予生机的行为。

### 5. 学会感恩

你可以通过有意识地将感恩纳入你的日常生活，培养感恩之心。向自己发起挑战，连续 100 天表达你的感恩之情！例如，你可以在每天结束的时候想一件、两件或三件让你感恩的事情，并把它们写在日记里。你还可以在办公室或家里放一个"感恩罐"：把你当天要感激的每一件事写在一张小纸条上，写上日期，然后把它放在"感恩罐"里。每个月看看这个"感恩罐"，拿出来几张小纸条看看。这些能很好地提醒我们：值得我们感恩的事物原来有这么多！

### 6. 练习冥想和祈祷

每天给自己留下一些静谧的时光，哪怕只有 5 分钟。在你早晨锻炼身体时或上下班通勤时，先打开手机上的某个 APP（应用软件）听音乐。你也可以在这段时间里，让思维汇聚于感恩上，想想所有值得你感激的事情。

持久的成长来自拓展我们内心的黄金，以填补空洞、治愈伤口。通过强化我们的内心和锤炼我们的性格，我们可以改变我们现在和未来的生活。如果这样做，我们就有机会释怀过去一些消极的经历，找到内心的黄金，并永远改变我们的心态。

个人成长意味着，意识到四大普适法则、诱因、模板、真理、空洞、伤口和内在誓言如何对我们的生活产生积极或消极的影响。我们鼓励你像淘金一样，轻轻地、温和地冲去淤泥（那些消极的经历），找到那些沉积在你的人生和内心中的点点滴滴的金子——即使在艰难的时刻，也能释放自己，并成为最好的自己。

# Chapter 04 >>>
## 16 种常见的行为风格

在阅读这一章之前，我们建议你先完成心灵风格测试，并进行自我评分。你可以在了解了自己的测试结果后，再来阅读这一章。你可以将它从头读到尾，或者仅仅作为一个参考，帮助你了解自己的"线上风格"和"线下风格"是什么样的、给人什么样的感觉。理解这 16 种风格，将帮助你把前三章的内容，以及你已经学过的关于思考和行为的内容加以融会贯通。

摩根站在厨房里，看着妈妈气冲冲地擦拭着灶台。摩根看不见那些幻影般的斑点或条纹，但它们似乎正把她的妈妈逼到崩溃的边缘。

妈妈放下手头的活儿，抬起头朝餐厅里喊道："不是那些餐垫，约翰！摆那些好看的。"摩根的爸爸把她的妈妈两个月前买的餐垫从桌上换下来，去找好看的餐垫。摩根看到爸爸稍稍翻了个白眼，然后他默默地把餐垫放回原处。她记得，小时候妈妈让她帮忙，但她最后却看着妈妈把所有事情重做了一遍，对她厉声斥责，说她做得不对。

"我能帮什么忙吗，妈妈？"

"不需要你帮忙，一切都安排好了。你去和哥哥待着吧。"这句简短、生硬的话让摩根从厨房里逃了出来。

摩根知道妈妈整天都在打扫、做饭，试图把每件事都做得尽善尽美，所以显得又疲惫又烦躁。

"妈妈还在没完没了地大扫除吗？"摩根在沙发上坐下后，哥哥迈克尔问道。

"当然。"

"你不去帮帮忙吗？"迈克尔总爱冷嘲热讽，今晚他更是语带讥诮。为什么摩根总成为被攻击的对象？

"你知道她不会让我帮忙的。你为什么不去帮忙？"

"我才不会到狮子窝里去。"他又得意地笑了一声。

他的态度令人气恼。"没错，你当然不会。你才不会以身犯险地去和她打交道。"

"你这么说是什么意思？"

"你已经几个月没和我们一起吃晚饭了。"

迈克尔腾地站起来，气呼呼地冲出了房间。

摩根将头埋在手中，沉默了几分钟，然后深吸了一口气，慢慢地回到厨房。"妈妈，这些东西都很干净了。"

"嗯……谢谢你！"

"客厅的新窗帘你买好了吗？"

"是的，我看了上百种不同的款式。当然，你爸爸帮不上忙。"她们的话题从没完没了地寻找窗帘，转移到寻找合适的擦手巾上。

当他们终于坐下来吃饭时，迈克尔几乎不和妈妈说话。爸爸聊起他日益精进的高尔夫球技术，并称赞食物很美味。妈妈抱怨说饭菜没有做好。然后，这次家庭聚会就结束了。

在回家的路上，摩根回味着刚才的一幕幕。为什么妈妈就不能放松放松、好好享受家庭聚餐呢？为什么爸爸能容忍妈妈那强迫性的完美主义？为什么哥哥要避开他们所有人，一露面就挖苦别人、伤人感情？她一直盼着能见到哥哥，但见了面后却因为他之前总是不来而责备他。她为什么要那么做？为什么她不和妈妈谈谈心，告诉妈妈，"你这样绷紧了弦，让大家都感觉糟透了"？妈妈好像认为，只要她把家里收拾得尽善尽美，所有人就能度过一段尽善尽美的时光。妈妈看不出事实正好相反，而摩根不知道该怎么跟妈妈说。

摩根拐进车道，关了引擎。她长叹一声，把头靠在方向盘上。她爱她的家人，只想和他们共度欢乐时光，为什么就这么难呢？

让我们面对现实吧：我们都是分析别人行为的高手！但是，说到发现那些背离我们初衷、背离我们好意的行为，以及那些让我们得到解放、让我们感到快乐、充实、被爱的行为，我们有多擅长呢？为了帮助人们在理解行为背后的原因的同时，理解被触发后的行为是否有效，我们两个人花了十多年的时间来研究行为特性、行为评估、行为哲学和行为法则。

我们想要用语言阐明那些人们凭直觉了解的事物，并为它们制定一个基本框架。我们还想开发一种工具，帮助人们增强自我认知。因为我们知道，恐惧和骄傲是如何有效地通过协同作用来制造否定。而且我们发现，否定会摧毁自我认知。

当我们在某种情境下被触发时，谦逊、爱、骄傲和恐惧分别会引发四种行为风格。这一模型将内心的四大法则与大脑的认知过程联系起来，以描述"情境+思维=行为"中的"行为"。

这个模型是"心灵风格测试"的基础。心灵风格测试是一项在线调查，它会告诉我们，目前在我们生活中占主导地位的行为是什么。它不是那种个性测试——关于我们是谁的静态标签，而是动态的人生指示器，是一个揭示我们目前人生状态的性格锤炼工具。从这一年到下一年，从这个月到下个月，随着我们的性格得到磨砺和锤炼，我们会更多表现出"线上"的状态，那么心灵风格测试结果就会发生变化。

这16种行为风格并不存在好、坏或对、错，它们在人们身上普遍存在，都是正常的。基于我们独特的诱因、模板、真理、内心的空洞、伤口、内在誓言和黄金，我们每个人都会表现出不少"线上"行为，也都会求助于"线下"的应变策略。随着时间的推移，这些行为会随着我们学会应对、学会前进、学会保护自己、学会证明自己而形成、发展。随着我们越来越了解它们，我们就能够觉察它们，并由此追溯在我们内心和思想中发生的事情。当我们与他人互动时，我们就会更好地理解他们的行为，并同情摩根的妈妈那样的人，因为我们都面临着类似的挣扎。我们开始明白，为什么"线下"风格并不能有效地帮助我们得到我们真正想要的东西；我们也会明白，我们需要跃至"线上"，做出更有效的行为。当我们做到这一点时，我们的生活就会更幸福，人际关系就会更融洽，我们的志向和追求就会更远大。

当摩根参加我们的一个项目时，她问了一个问题："是什么塑造了我妈妈的人生、她的模板和她的内在誓言？"摩根知道，妈妈是由成功人士抚养长大的，毫无疑问，妈妈希望自己不辜负他们对她的期望。摩根对妈妈产生了同情心，她决定不再评判妈妈，接受妈妈本来的样子，不再因为妈妈说的话和做的事而生气。

一年后，摩根对我们说："妈妈大变样了，你们肯定无法相信！"爱创造了一个安全的港湾：摩根有了自己的底线，不再认为妈妈的行为是在针对她，而是把它看作一种应变策略——事实也的确如此。摩根开始同情妈妈，面对妈妈也不再那么紧张兮兮了。她妈妈注意到了这种变化。慢慢地，妈妈不再试图让每顿饭都完美无缺，而是花更多的时间关注亲人聚会的质量。她问女儿摩根和儿子迈克尔的问题，是发自内心的爱，而不是为了批评他们。迈克尔开始产生安全感，行为也发生了一些改变，他比以前温和多了。最终，这个家庭开始享受美好的家庭聚会时光，家庭聚餐不再是他们的危险地带了。

幸福到来了，谁会嫌晚呢？摩根的妈妈踏上个人成长之旅了吗？没有。到底发生了什么呢？她无法用语言说明白。但摩根做到了，后来迈克尔也做到了。他们决定跃至"线上"，他们的谦逊、勇气和爱帮助妈妈感到被爱和被接受，让她知道不需要再证明自己，这使妈妈也仿佛变了个人。


## 八种"线上"风格——有效行为

花点儿时间想想某个你真正钦佩并信任的朋友或家人、你遇到过的最好的老板，或者一个诚实地履行承诺的公众人物。现在想想，在你的人生中，你觉得自己把一些事情干得不错的时刻。我们相信，你会想到的那些人、想到的自己的高光时刻，是有充分理由的。这个理由是什么？你会把什么样的行为或品质与你崇拜的人联系在一起，或者与你人生中最有效率的时刻联系在一起？

我们问了很多人，发现他们用的那些词大同小异——比如"真诚可信的""值得信赖的""勇敢的""体贴的""支持我们的""有同情心的"，不管我们和什么样的团队一起合作，也不管我们在世界上的什么地方。有效的行为和当时的情境、公司文化或个人职务无关，因为这样的行为是由谦逊和爱驱动的。我们追求、钦佩这种行为，因为我们看到，它能帮助人们实现他们的最高目标；当我们居于"线上"时，我们能意识到我们内心的力量，和我们对周围世界所产生的积极影响。

你现在正在阅读的这一章，允许你花些时间去了解这些行为，并学习如何发现它们。当你阅读下面的文字时，想想这些行为在你生活中的各种不同场景中是什么样的。你可以问问自己：我什么时候出现了这种行为？我的心在哪里？这种行为对我产生了什么影响？

### 四种基于勇敢的谦逊的行为

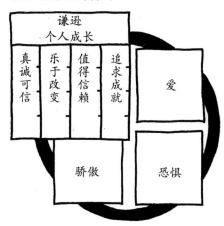

当你的内心谦逊时，你会表现出一些代表个人成长的行为，如勇敢、勤奋、诚实、学习、追求目标导向的成果。根植于谦逊象限

的行为，包括真诚可信的行为、乐于改变的行为、值得信赖的行为和追求成就的行为。

真诚可信的行为是由"做真实的自己"的内心态度驱动的。当我们表现出真诚可信的行为时，我们勇敢、诚实，尽我们最大的努力忠于我们的价值观。我们会对自己诚实，对别人透明。我们有一种来自内在价值感的谦逊的自信，让我们能承认错误、嘲笑自己，并接受本真的自己。那些在"真诚可信的行为"方面表现出色的人，在压力下冷静沉着，且有明确的目标。

回忆一下，你是否曾经走了一条更艰难的路，或者做出了更艰难的选择，因为你知道这样做是对的，或者这样做与你的价值观最相符。回忆一次棘手的谈话，在那次谈话中，你能够坦率地表达自己的想法、感受和观点，而不需要指责或批评别人，也不需要证明自己多么正确。这些都是真诚的时刻。我们在本章开头提到的摩根，她就渴望与母亲建立这样的关系。她们都没有这份勇气，但说实话，勇气是谦逊驱动的所有行为的基本要素。

乐于改变的行为源于个人学习和发展的心态。它热衷并致力于成长、拥有智慧、日臻成熟，敢于暴露自身缺点、善于学习。我们乐于接受向任何人或他人经验学习的机会。我们不害怕尝试新事物或新方法，也不害怕承认我们不懂或需要帮助。那些乐于改变的人往往会意识到自己的长处和短处，也不会羞于接受反馈。他们对自己目前的旅程感到心平气和。

几年前，史蒂芬曾在一次会议上发言。在发言人中，他并不算名人，作用是抛砖引玉、为名人出场做铺垫。与会者中有一位非常成功的澳大利亚商人。史蒂芬在会议期间认识了他。在他们聊了几分钟后，这位商人主动提出，回悉尼后来我们办公室拜访史蒂芬。他想知道我们是如何做培训的。当然，史蒂芬没想到这位成功的商人会这样说，也并不确定他真的会坐飞机赶来。大约一个月后，这位商人果然走进了史蒂芬的办公室，问了一个又一个问题，表现出对别人的经历和想法的浓厚兴趣。他把聊天的内容做了笔记，并根据自己所学的内容，列出了一系列将来可能会采取的行动。他还分享了许多宝贵的见解，并对自己在人生道路上所犯的错误直言不讳。难怪他的事业如此成功，并且建立了行之有效的企业文化。他谦逊的精神，以及他对学习和成长的热情极大地鼓舞了其他人，并为他们创造了一个学习和发展的安全地带。

值得信赖的行为是由可靠、勤奋、认真的心态驱动的。我们重视纪律、前后一致、信守承诺、兑现承诺，同时也不拒绝乐趣和灵活性。为了保持这些行为并践行这样的价值观，我们要学会适时拒绝别人、适时委托别人办事，以及避免过度承诺。我们要在最后期限前完成任务，并兑现我们的承诺。如果我们没能做到，我们就必须直言不讳地说明原因，不要去指责别人或找借口。那些值得信赖的人一诺千金、尊重他人的时间、散发出值得信赖的光芒。他们做事有条不紊（保持跟进、预先规划和做好日程安排），这听起来似乎很简单，是最基本的做事要求，但这正是他们的可靠之处。

假设你在飞越大西洋的航班上，如果飞行员不打算在飞行前执行仪器检查，你会做何感想？我们都希望，各行各业的专业人士——包括飞行员、会计师、医生——能表现出值得人们信赖的行为。但是，我们如果还能依靠同事和朋友，不是更好吗？让好事同时发生不是更容易吗？我们多么想听到："我知道我可以依靠你。"在这个混乱的世界里，它是我们所能给予或接受的最高的赞美。可靠会让别人更信任你，不可靠会让别人不再信任你。

追求成就的行为指的是出色地完成某事——表现出个人最好的一面，而不是追求完美。当我们表现出追求成就的行为时，我们受到了实现目标、取得成果、有所作为并朝着超越个人利益的目标努力的心态的驱动。我们会提前规划，并且不辞劳苦。在工作和生活中，追求成就的人喜欢通过健康的竞争，谦逊、诚实、光荣地取得成功。

比如，在飞机上工作的高效能服务人员很容易受到人们的关注。航空公司的空乘人员是不收小费的，所以从他们的服务态度来看，顾客可以明显地看出他们追求卓越的内在动机。高效能的人不会等别人吩咐他们，他们会主动找事情做，不会偷懒。

### 四种"成长驱动的爱"的行为

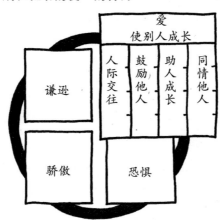

当人们心中充满爱时，他们会展现出荣誉、尊重、忠诚、善良和信心。根植于"爱"这一象限的行为，包括人际交往的行为、鼓励他人的行为、助人成长的行为和同情他人的行为。

人际交往的行为源于建立有意义的人际关系的心态。我们试着去理解他人、尊重他人的观点，不管他们与我们有多不同。我们通过表现出对他们的兴趣，依靠良好的社交技能，成为积极的倾听者去了解他们。我们表现得恭敬有礼，记住别人的名字，让他们感到舒心、受到关注。善于人际交往的人，给人善良温和、和蔼可亲、真正关心别人的感觉，能以一种真诚的方式与各行各业的人建立友谊。人与人之间的互动基于真诚的沟通，而不是公事公办。

"对你来说只是例行公事，而我却觉得倍感亲切。"客户想要得到真情实意的热忱服务。对于一个客服人员来说，热忱服务的意识可能会随着时间流逝逐渐消失，变成例行公事，导致客户觉得服务人员根本不在乎他们。内森做的是汽车行业的生意。这一行并不好做，大多数客户只在自己的车出了问题后才会去找内森！他每天碰到的都是一些同样的问题，这对他来说不过是枯燥的日常工作。但他始终让自己保持热情，对客户们非常亲切。他明白，客户需要解决他们的问题，并得到殷勤、专业的服务。他全心全意地为他们服务，把生意做得蒸蒸日上。

鼓励他人的行为可以帮助别人产生勇气、塑造个性和实现自我价值。当我们的内心不再仅仅关注自己时，我们就会从支持、认可和激励他人塑造他们的内在品质的过程中获得满足感。在艰难的时刻，我们努力去发现别人的成绩，或努力去发现人们需要得到表扬和认可的迹象，然后给予他们积极的鼓励。有一点很重要：鼓励必须是真诚的。虚假的赞美没用，因为空泛的赞美是一种寻求认同的行为，而别人通常能看穿这一点。善于鼓励别人的人，常常会频繁地表扬别人，哪怕只是为了一些小事。他们知道，积极的、充满爱的支持有助于增强内在的力量、增加内心的黄金。我们喜欢把 encouragement（"鼓励"）拼成 in- courage-ment，认为应该将勇气注入人们——包括你的孩子、朋友、亲戚、员工、老板——的心中。

史蒂芬热衷于攀岩（他会告诉你，玛拉竟没看到我们婚姻契约上的小字！"你应该和你的丈夫吊在同一根绳子上……"）。当我们紧紧抓住岩石的表面时，这种鼓励行为的重要性对我们来说再清楚不过了。攀岩伙伴会频繁地跟进对方的消息，大家会不断鼓励彼此；在完成艰难动作时互相表扬，在到达下一个岩架或顶峰时为对方欢呼。鼓励能让我们的神经平静下来，消除恐惧，带来自信——在运动中，自信是成功的必要条件。请注意，即使犯了错，球队的队员们也知道如何互相打气。善于鼓励别人的人认识到，我们都需要频繁的鼓励，在艰难的时刻我们尤其需要别人的鼓励。

助人成长的行为是由一种关注他人最大利益的心态驱动的，花时间为别人服务，帮他们发挥出自己的潜力。我们通过建设性的反馈有效地指导他人成长，并以开放和诚实的态度塑造他人的性格和技能，而不让他们感到自己的人格受损。我们把它称为"关爱的对抗"，而不是一般的"对抗"，结合了客观性和同理心。善于助人成长的人不会羞于与他人真诚地交流，告诉他们需要改进或成长，但他们会表现出对他人内在价值的信任，并表现出帮助他人的真诚愿望。这使他们非常善于指点他人或领导他人。

马丁很喜欢数学，所以他当然能帮助自己读高三的女儿，女儿正在为学数学而头痛。但是每次他检查她的微积分作业时，凯利总是对他发火，因为她仍然没有弄懂。马丁深感困惑。难道数学天赋不会遗传吗！在马丁的妻子简出于对他们的爱而插手后，他才意识到，他需要问问凯利，她认为他怎样帮她才好，而不是从他的立场来判断该怎样辅导她。

他们制订了一个凯利认为能够奏效的方案，让她觉得自己是有能力学好数学的，而不是自己学不好。几个月后，凯利以优异的成绩毕业了。从学校毕业后，她甚至花时间辅导其他孩子学数学，就像她爸爸曾经帮助她一样去帮助别人。

作为父母、伙伴、领导者甚至是朋友，每个人都有机会帮助身边的人，让他们成为最好的自己。这并不意味着像控制狂一样去发现、批评或纠正别人的错误，而是帮助他们认识到自己的发展机遇。如果你觉得一个人不适合的话，你甚至可以把他从团队或企业中除名。当然，这很难做到，因为我们常常害怕得罪他人。当对方心怀恐惧时，即使你提出的是表述得当的建设性反馈，也会让对方觉得自己受到了攻击。

我们注意到，领导者在向员工提供反馈、指导员工时，会采用不同的风格。一些领导喜欢趁热打铁——及时解决问题，另一些领导则喜欢等待时机——判断何时讨论这个问题最合适。没有放之四海皆准的方式，但爱和同情（下一种风格）是其中的关键。

同情他人的行为源于一种致力于去理解他人的行为以及心态。当我们真正富有同情心的时候，我们会越过他人表面的行为，深入他们的内心，去理解更深层次的原因，而不是随意评判别人。我们会试着思考，什么是他们的诱因、模板、真理？或什么是他们内心的空洞和伤口、内在誓言以及内心的黄金？我们不会停留于仅仅做出什么反应，而会考虑他们过去的经历，去思考是什么塑造了他们的人生，去探究具体的情境如何触发了他们的行为，并发现他们内心的积极意图。想想公式"情境＋思维＝行为"，是什么情境触发了他们的行为？

人们有时会把同情和宽恕混为一谈。富有同情心并不意味着宽恕或认可别人的做法，又或者忽视对方的行为，仅仅意味着保持客观，不妄加评判。这样做使我们能够了解人们所作所为背后的原因。我们在思考如何以一种"线上"的姿态做出反应时，就可以把这些因素考虑进去，从而做出真诚可信的行为或助人成长的行为。

我们常说，真诚可信的行为和同情他人的行为是"线上"行为的"书挡"。因为它们能协同作用，帮助我们珍视自己的内在价值，理解他人的心路历程，让我们成为世间一种强大而积极的力量。

## 八种"线下"风格——无效行为

不久前，我们有过一次罕见的遭遇。一名测试者收到了他参与的心灵风格测试的结果，但他不相信这个结果。这名测试者参与的是360度全方位的测试，也就是说，他的报告中还包括6位同伴对他的综合评价。他对测试分数感到沮丧："线下"行为的得分太高，而"线上"行为的得分太低。他自己打的分则与之截然相反，自己和他人对他的同一种行为的评分完全不同。有时，那些对测试结果最不满意的人，在人生中往往也遭遇了重重波折。恐惧会带来骄傲，而骄傲会导致否定——他们似乎不知道，他们的行为如何影响了周围的人，阻挠了他们实现自己的人生目标。他们需要更多的证据来克服他们面临的否定。如果有人真的对他们的测试结果不满意，我们就会免费提供另一套测试。"好吧，"我们告诉他，"另外选6个人，我们会把调查问卷发给他们。"

当综合评分出来后，我们把他叫到一边，给他看结果。他们打的分与最初的6位同伴给他打的分十分接近。"我从来不知道会是这样的结果，"他只好说，"这太令人羞耻了，我真的很想知道怎样才能改变自己。"这就是他取得突破的开始。

我们已经知道，我们的大脑未必代表真理。负面情绪——内疚、自我怀疑、羞愧——常常伴随着我们的"线下"行为而来。这会形成一个恶性循环，不断地把我们拖到"线下"。

减少无效行为的最有效的方法，始于非常简单的一步：承认它的存在——打破一无所知的蒙昧状态。当你意识到你采取的是"线下"行为时，你就有机会做出不一样的选择。想要跃至"线上"，你需要同情、怜悯自己，并承认当我们被恐惧或骄傲驱使时，我们都会采取这些应变策略来保护自己。当我们被他人的"线下"行为触发时，我们也可能会求助于这些策略。当我们与处于"线下"状态的人一起工作或生活时，我们依然可能会求助于这些策略。

随着你继续阅读本书，你要不断提醒自己，你将学习识别的这些"线下"行为是正常的。我们每个人都有过这样的行为，很可能就发生在上个月！几十年来，我们两个人一直在思考这些概念，但我们有时仍然会跌至"线下"。

尤为重要的一点是：你需要认识到，大多数无效的行为原本都出自一番好意，而当我们受到恐惧或骄傲驱使时，这种良好的意图就会变质、变味。比如，你11岁的女儿走进房间，告诉你，她准备和她的朋友去游乐场。作为家长，你的回答可以是："嗨，亲爱的，你和朋友们一起出去玩，真是太好了！祝你们玩得开心！我爱你！"但你也有可能会说："你的羊毛衫呢？外面很冷，你不想感冒吧！"良好的意图＝让孩子在冷天穿暖和一点。恐惧＝如果她穿得不暖和，她会生病的，这意味着我是一个不合格的家长。孩子感受到的行为＝爸妈真讨厌，把我当个傻瓜，我不知道天冷吗？

这个小插曲就发生在玛拉和她的女儿塔玛拉身上，当时塔玛拉11岁。她冷静地对玛拉说："你知道吗，妈妈，你和你的母亲一个模样。"玛拉闻言倒吸了一口凉气，她的手紧紧地按着胸口，"不！！""你的保护欲太强了。我的包里有开衫。"玛拉立刻意识到自己错了，她很有风度地向女儿塔玛拉道歉。"第一，你一定认识哪个心理学家吧，所以你居然知道'保护欲'这个词。第二，你是对的！我很抱歉！"二十年了，一想到这件事，我们还会大笑起来。

八种"线上"行为分别对应着八种伪劣的"线下"行为，哪怕这些"线下"行为原本也是出于一番好意。"过度努力"是假冒的卓越，而"追求成就"才是真正的卓越；"争强好胜"是假冒的进步，而"乐于改变"才是真正的改进。

不妨把你的每一种"线下"行为倾向想象成一个朋友，他／她可以把你介绍给你"最好的朋友"。试着带着开放的思想和开放的心走进去，你会发现自己走出来时更有效率、更加快乐。

### 四种自我驱动的骄傲行为

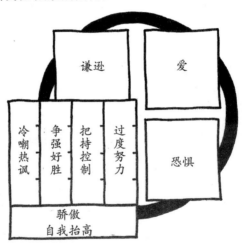

当我们的心出于骄傲而运作时，它会表现出自我抬高的行为，如居高临下、完美主义、不惜一切代价赢得胜利，这些行为都阻碍了我们与他人建立友谊。根植于骄傲象限的行为包括冷嘲热讽、争强好胜、把持控制和过度努力。

冷嘲热讽的行为是由一种内心的态度驱动的，这种心态是：我需要成为全场最聪明、最风趣或最幽默的人，从而建立起一种自我价值感。讽刺行为背后的良好意图通常是：我们试图与他人建立友情，但我们缺乏足够的诚意、缺乏那种表达诚意的内在力量。（事实上，冷嘲热讽是假冒的真诚可信，常常把自己伪装成直言不讳的坦率和自信。）我们需要和那些让我们感到尴尬或脆弱的情绪保持一定的距离。因此，我们会诉诸玩世不恭、冷嘲热讽和机智诙谐的话语，试图通过这样的方式和别人交往联络。但问题是，很多时候，这样做可能会令人生畏，甚至伤害别人，而且容易沦为一种"智力游戏"。

本章开头提到的摩根的哥哥迈克尔，就是一个典型例子。他的家庭氛围使他感到不舒服，于是他用冷嘲热讽的方式让自己疏离这种情境，以表明态度：这不会影响他。但事实上家庭氛围当然会影响他。出于对母亲批评的恐惧，他产生了自傲心理，并试图证明自己不在乎这些，他不会受到感情上的伤害。而在这个过程中，他尖刻的话语伤害了其他人。但他的行为的本质是：他在试图告诉别人，他感到不自在。他想要的其实和摩根一样——一个温馨有爱的家。

调侃、嘲讽，其实和幽默颇有渊源。那么冷嘲热讽的行为到底有什么不对呢？冷嘲热讽是假冒的真诚可信——我们相信自己是真诚的，试图通过揶揄嘲讽来传达真相，以为这样会让彼此少一些痛苦。问题是，由于它跌到了"线下"，无法产生积极的效果。你以为自嘲式的幽默会让人觉得舒服，事实上，你只是在贬低自己，这说明你对自己不真诚。你如果喜欢讽刺人，只能让人们和你一起嘲笑某人或某事、开开玩笑，而无法让自己说出内心的想法。此外，冷嘲热讽也可能是伪装成幽默的敌意：你在传达一个消极的观点，虽然你并没有承认。

善意的玩笑和真正的打趣是好玩的、有趣的、友好的。关注你的心的真实动态，这是一种智慧。知道你是被骄傲还是被爱驱使，知道哪些时候该忍住哪些揶揄打趣的话，不管你觉得那些话有多好笑。有时我们需要诚实地坦白：炫耀自己是多么有趣或聪明，真的是一种骄傲。

争强好胜的行为基于一种良好的意图——想要成为最好的自己，想要赢或做得比别人更好。但当骄傲占据了主导地位时，不惜一切代价赢得胜利的诉求，就会招致自私自利的野心和不断拿自己和别人比较、保证自己更加优秀的坏习惯。过度竞争会让我们盲目攀比、束手束脚、觉得自己永远不够好。它会让我们言过其实，喜欢操纵，甚至欺骗别人。这是一种一心只想建立自我价值的应变策略，让我们的目标从成为最好的自己变成了成为最优秀的人——我一定要比别人更优秀。当我们诉诸争强好胜的行为时，我们往往没有意识到自己正在表现得提防别人或妒忌别人。

也许这样的场面对你来说很熟悉：你和朋友出去玩了一夜。晚餐时，一个人开始说起他最近度假的经历。他才说了两句话，刚歇一口气，马上就有另一个人插嘴，描述他如何度过了一个更美好的假期。也许你是第一个人，也许你是第二个人。这两个人其实都觉得不爽，虽然他们自己也说不出为什么，但这种不快会破坏整个夜晚的氛围。不知怎么回事，一个挺有趣的友情之夜变得紧张起来，让人不舒服极了。

还记得吗，在第二章中，伊娃与儿子争输赢的行为，毁了一个与家人共度的美好夜晚。

在工作环境中，争强好胜是一种"线下"的、无效的行为——这个观点遭到的反对是最多的。大家都说，竞争是有益的。没错，我们相信健康的竞争是有益身心的。但是，不健康的、受骄傲驱动的争强好胜的行为，与"线上"的旨在努力做到最好并达成目标的求胜行为是不同的。竞争性行为不是为了赢得尊严、尊重、荣誉、人格，更多的是为了打败别人、不惜一切代价赢得胜利，让自己感觉自己有价值。想想职业体育界的那些鼓励他人的事迹，有的选手或团队赢得光荣，即使失败了也不失风度。而有的竞技者却因为作弊、吸毒或打假球而毁了自己的职业生涯，声名扫地。两者的本质区别在于，前者是受谦逊驱动的正当竞争，后者是受骄傲驱动的不正当竞争。

把持控制的行为是一种应变策略，它凌驾于我们促成好结果的更深层的积极意图之上。在骄傲的驱使下，我们过于看重结果，总是想证明我们具有何种能力。"把持控制"行为是假冒的"值得信赖的行为"。你想把事情做好，但又不相信别人能做得和你一样好，所以你想一手操控一切，大事小事一把抓。

把持控制介于过度努力（下面将会讲到）和争强好胜之间，当一个人的控制欲达到极点时，就成了控制狂。当你试图去控制一切时，实际上你已经失控了。我们一心想要确保每件事都按照我们自己的计划进行，每个任务都按照我们的方式和时间规划完成。当我们被触发、被拖到"线下"做出这样的行为时，我们就会斤斤计较于一些细节。我们可能会做出成绩，但我们压力巨大、敌意重重，散发出冷漠或傲慢的气息，以及一种会引发他人恐惧的强烈能量。我们在家庭中或工作场所中的地位越高，这种效应就越明显。我们还传递出这样的信息：我们不信任别人做决定，因此我们限制了他们的成长，使他们无法有效地解决问题。

正如我们先前所说，这16种行为都很常见，所以我们可以十拿九稳地说，你一定遇到过控制欲很强的老板或同事。做父母的也会表现出这样的控制欲。几年前，玛拉去看望她的妈妈。她的妈妈在门口一看到她就马上说："天这么冷，你为什么不穿毛衣？"这可不算是热情的欢迎！玛拉的妈妈意欲把持、控制的行为，可能会毁了美好的瞬间。看到这里你就会明白，当塔玛拉说"你和你妈妈一个样"的时候，玛拉为什么会有那样强烈的反应——紧紧按着自己的胸口，无声地大喊"不"。我们的应变策略并不是一种有意识的选择，但从本质上说，玛拉的妈妈当时想的是："如果玛拉被冻着了，我就不是一个好妈妈。"这是一件小事，但它是一个模板，存在把玛拉拖到线下的威胁。然而玛拉深吸了一口气，她有意识地让自己以同情的心态来应对。所以，她只是笑着拥抱她的母亲。（好吧，也许她翻了翻白眼，咬了咬牙，但在深吸一口气之后，她让同情心占了上风！）

过度努力的行为来自一种渴望自己正确、渴望找到所有问题的答案的深层需求。骄傲压倒了追求卓越的良好意愿，相反，它让我们专注于避免一切错误，以为这样就不会遭到拒绝。由此生发的"完美主义"有可能让我们成为工作狂，对自己、对他人过于苛刻。而一旦人生中出现了任何不顺利的事情，我们就会真正失去自信。过度努力的行为可能源于"永远不够好"的模板。

你怎样拼写"努力"（Strive）这个词？S-T-R-I-V-E。过度努力在"线下"，追求成就在"线上"。当我们陷入过度努力的旋涡时，我们就会在完成任务时变得紧张、焦虑、不安、抑郁。

摩根的妈妈过着一种被过度努力的行为支配的生活，或者说她的生活受到了这种行为的制约。她的价值感和自信心来自：确保一切都是完美的，哪怕仅仅是一次普通的家庭聚餐。然而，当她变得无比苛刻和挑剔时，她的压力和焦虑让她所爱的人感到恐惧。她正在阻止自己得到最想要的东西：避免冲突，得到家人的爱，被看作一个好母亲、好妻子。她没法察觉，自己像得了洁癖一样地不停收拾、整理自己的家，其实是在平息内心自我怀疑的声音。不幸的是，家人想要诚实地告诉她，她的行为给他们带来了怎样的感受，但这并不是一件容易的事。当他们试图给她反馈时，他们看到的是她的防御性反应——变得更加挑剔。摩根的妈妈听到的始终只有一句话："你做得不够好。"

过度努力是现代人的一大通病，很多人都在为此苦苦挣扎。所谓"冒牌者症候群"，是指你拼命打击自己，因为尽管你取得了成就，你仍然觉得自己不够优秀，并且极度害怕别人会发现你是个"冒牌货"。克服过度努力的心态，往往始于识别它的前导：我们内心的恐惧和我们渴望得到认可的心态。

### 四种基于"自限性的恐惧"的行为

当内心充满恐惧时，它会表现出自我保护的行为——比如，被动、自卑和想要取悦别人——来限制我们。根植于恐惧象限的行为包括寻求认同、容易动怒、依赖他人和躲闪回避。

寻求认同的行为产生于想要受他人喜欢、被他人接受以及与他人相处的良好意愿。但是恐惧压倒了爱，并形成了一种过度友好、过度热情、过度和蔼的应变策略。渴望自己得到认可，是所有人与生俱来的一个愿望。但是那些深陷于被拒绝的恐惧和内在价值感的人会产生一种深深的诉求，这种诉求表现为一味地讨好、取悦他人。他们会耗尽情感能量去猜测别人怎么看待他们，并在脑海中演练各种"情节"，练习自己在不同的情境下该说什么话才恰到好处，给人以虚意奉承、假装谦逊之感。

一对夫妇邀请一些朋友来他们的新家做客。客人们一进门，就开始惊呼："哇！这房子太棒了！"其实他们只看到了房子进门处的玄关。当他们走过客厅时，他们开始了一连串过分热情的赞美："太棒了！太不可思议了！"当他们走进厨房时，一个客人对配偶说："亲爱的，我们得买一个这样的冰箱！"当男主人说他们想粉刷一下房间时，客人们纷纷热烈地表示同意，但女主人表示不同意。客人们立刻变卦了："哦，是啊，现在这样也挺好的。"那么他们到底是怎么想的呢？

我们有时会陷入寻求认同的行为。但是，如果我们把这种行为作为一种常规的应变策略，可能会带来真正的麻烦，导致我们承诺过多，在应该说"不"的时候说"是"，并不知该先做什么、后做什么。它剥夺了我们的真诚（对自己和他人），导致他人不信任我们，似乎永远无法知道我们的真实想法。

容易动怒的行为源于想要得到他人鼓励、赞扬和支持的良好意愿。但是当我们得不到我们想要的积极回应时，恐惧会让我们把反馈当成消极的批评，把纠正看作拒绝，认为它们都是人身攻击。我们变得过于敏感，导致别人不再给我们任何反馈。在和我们打交道时，他们谨小慎微、如履薄冰。由于没有其他的证据，我们认为自己做得很好，自我价值没有受到任何损伤，但这种行为带有欺骗性，会阻止我们成长。那些很容易生气的人常常表现过激，他们的人际关系也不稳定，让其他人无法在他们面前保持诚实、真实、放松的状态。摩根在面对妈妈时，就是这样的感觉。

这种行为在工作场合会有什么样的表现？我们大多数人都见识过。你在参加一个会议，一个神经过敏的同事正在陈述一个观点或策略。当其他人都在思考反馈有多困难时，会议室里的气氛变得紧张起来。当第一个勇敢的人开口发言时，陈述者的表情开始变得冷冰冰的。在会议结束时，尽管大家都试着用一些"外交手腕"（不完全实话实说），发言者依然沉默不语，阴沉着脸，没有和任何人说话就走了。这让所有人都感到筋疲力尽。

依赖他人的行为是由害怕遭到排斥或拒绝的心态驱动的，这种恐惧压倒了想要服务他人、做该做的事的良好意愿。与其冒险提出自己的想法，不如让别人带头说出来，这样似乎更容易，也更安全。我们没有勇气或信心去相信我们的意见、观点或我们自己，便让别人做决定，跟随他们的指示，而不是大声说出我们自己的想法。习惯依赖他人的人，不够信任自己，不停地检查自己是否言行有失，给人以优柔寡断或消极被动之感。

你是否有一个似乎喜欢让配偶或伴侣做所有决定的朋友？他们要去哪里度假，他们要把客厅漆成什么颜色，他们周五要去看什么电影……他对这些问题似乎没有发言权。你邀请他出去喝一杯，结果他却说："我得跟……商量一下。"你叹息，摇头。然而，你亲眼看见，这家伙在工作时，明明敢于真实、果断地表述自己的想法和观点。这是一种思维堵塞。

别忘了，"情境 + 思维 = 行为"——在某些情境中、在和某些人打交道时，我们的"线下"行为会被触发，而在其他情境、在面对其他人时则不会被触发，这取决于我们的内心发生了什么，以及它如何塑造了我们的思维——那些模板！

有的人在家中处处依赖别人，而在工作场所并非如此；有的人依赖父母，但并不依赖配偶；有的人在自己没信心时，会依赖朋友。很多时候都是公式"情境＋思维＝行为"在起作用。我们对某一领域有信心吗？如果没有，我们就会选择依赖他人的行为，并将此作为一种应变策略。

躲闪回避行为出于不冒犯或不伤害他人的良好意图，但是，害怕遭到拒绝会使我们无法处理冲突或承担任何风险。作为一种应变策略，躲闪回避行为会让我们无法对自己负责，也无法真诚地对待别人。问题并没有得到解决，因为我们决定听之任之、放任不管、敷衍了事，就像俗话所说的那样——"把它藏在地毯下面"。我们最后制造了"虚假的和谐"，却从未触及问题的核心。

你能看出来吗？在上面的例子中，摩根的父亲就生活在逃避中，通过制造虚假的和谐来维持和平。也许在家庭聚餐的特别时刻，这是最明智的选择，但作为一个关爱妻子的丈夫，这种躲闪回避行为并不能帮助妻子，也无法改善家庭氛围。

你是否曾经遇到过这样的难题：你的同事在一个项目上没有尽心尽力，但你没有指出他们的问题，而是默默承担了更多的工作，结果被压得喘不过气来，拖延了项目的完成；你是否曾经被迫放弃一段友情，因为你和朋友出现了冲突，你知道必须解决问题，但你却不知该如何处理。让人难以置信的是，躲闪回避行为在生活中非常普遍，因为我们都在努力满足自我价值感。

我们凭直觉就知道，那些基于恐惧和自尊的行为，会给我们带来巨大的压力，让我们万分焦虑，而我们本来可以有压力较小的选择。我们如果希望远离"线下"行为，培养"线上"行为，实现个人成长，那么了解我们目前的状态，能带来极大的帮助。

## 你现在生活得怎么样？请看成长的罗盘

我们经常会有这种感觉：我们想要达到的目标和我们自己的心态、思想和行为之间，存在着一定的差距。

我们相信，心灵风格测试有助于揭示我们目前的思维和行为方式。它帮助我们看清，我们目前的行为是否有效。同样重要的是，它能帮我们了解，我们想要怎样的生活。

我们一直在强调，结果不是用来判断的工具，而是为了给人生创造一个个性化的指南针。测试结果会随着我们性格的发展而改变，因此它能鼓励我们不断成长。在你完成在线调查问卷期间（如果你还没有完成的话），你需要先后回答两次我们私下向你提出的75个问题。第一次，你会根据你想要表现出来的行为、你所重视的事物或你渴求的事物来做出回答——这构成了你的基准分。第二次，你将根据你怎样看待目前的行为做出回答——这构成了你的自我评分。当你完成测评后，你可以下载一份附有你的测试结果的个人发展指南。这份指南还附有如何阅读它的说明，它将通过如下所示的图表的形式显示。在对照两份测试结果的时候，你就能一目了然地看出你想要的生活状态和你实际的生活状态之间的差距。

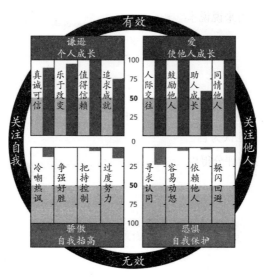

基准

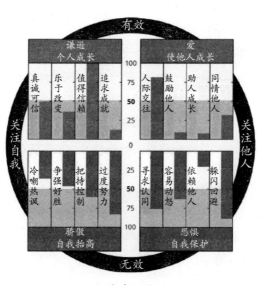

自我评分

让我们再来说说本章开头提到的摩根，她做了一个360度全方位的测试。这就是说，她的测试结果中还包括了三位同伴给出的平均分，他们也为她完成了那75道题。所以，摩根有三套分数：基准分、自我评分和他人评分。你认为她的结果说明了什么？前一页的两张图表分别显示了她的基准分（她想成为什么样的人）和她的自我评分（她认为自己目前是什么样的人），而下图是根据她的同伴对她行为的评分得出的平均值，即他人评分。

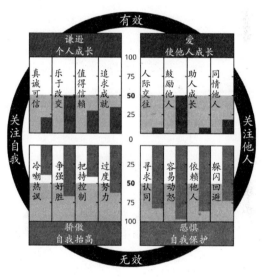

他人评分

摩根"基于恐惧的行为"这一项的得分特别高。受到骄傲驱使的行为激起了摩根的自我保护欲——她常常觉得自己受到了批评或自己不够好。这个测试结果给了摩根不少启发。她能看出，她通过应变策略建立了虚假的安全感，并开始选择改变她的行为模式，尽量减少那些基于恐惧的行为。她谦逊地承认，她生活在恐惧中，不仅是在家里，在工作中也是如此，尤其是当她和其他控制欲强、过度努力的人在一起的时候。现在她了解了自己的模板，也明白了其他过度努力、控制欲强的人如何触发她的"情境＋思维＝行为"！她也看到了，自己的自我保护需求如何影响她的同事——在他们看来，她并不是一个有人情味的、对别人感兴趣的人——这真的难倒了她。她开始专注于强化自己的个人成长行为，朝着真诚可信、追求成功的方向努力，使她在与他人相处时更真诚，让他人也感受到这种积极的影响。这对她的家庭、工作，及至她的整个人生都产生了巨大的影响。

## 由内而外，而不是由外而内地生活

我们的"线下"行为是基于我们由外而内接触世界的方式做出的，我们期望他人和外在环境认可我们、证明我们，并帮助我们形成价值观。由于我们得到认同的需求是与生俱来的，所以我们常常因受到触发而做出寻求认同的行为。当我们为了填补内心的空洞所需要的东西比这些行为能给予我们的更多时，我们常常就会求助于基于骄傲的应变策略。当我们受到触发时，我们就会试图通过控制我们的世界（过度努力和把持控制）或证明我们比别人更优秀（争强好胜和冷嘲热讽）来证明我们的价值。

如果我们在生活中没有得到我们想要的认可，心里还带着被拒绝的伤口，我们就很容易陷入基于恐惧的行为来保护自己。动怒通常是我们的第一道防线，但是依赖他人和躲闪回避也是保护自我价值、满足认同需求的应变策略。在现代社会，这些行为会以多种形式——金钱、升职、奖杯和赞美——传达我们所寻求的认可。

由外而内的策略是用来证明和保护自己的应对机制，而不是可供个人获得成功和成长的策略。然而，这些应对机制从未填补空洞或治愈创伤，所以我们只能不断重复这些行为。可悲的是，这样的行为并不能锤炼或塑造我们的性格。具有讽刺意味的是，在职场，我们越是试图通过自我保护行为来保住自己的饭碗，我们就越有可能遭到裁员。我们越是试图用自我抬高的行为来抬高自己，就越有可能被视为"文化破坏者"，得不到我们认为自己应得的升职机会。

当我们强烈意识到自己的内在价值和目标时，我们的人生就是"由外而内"的生活方式。我们会发自内心地塑造我们的性格，去了解我们是谁（真诚可信的行为和乐于改变的行为）、我们要去哪里（值得信赖的行为和追求成就的行为）。然后，我们渴望在他人身上建立同样的价值感和使命感，与他们一起前进，表现在受成长驱动的爱的行为中（人际交往、鼓励他人、助人成长和同情他人的行为）。如果从常见的成功标准来衡量，"线上"行为给人生带来的回报是相同的，但我们从"线上"行为中获得的满足感和能量，与"线下"行为带来的疲惫、压力和焦虑，形成了鲜明的对比。

我们可以选择自内向外地让我们的内心、我们的思想和我们的行为跃至"线上"。在生活和工作中，"线下"的力量在日复一日地拖拽着我们，因此这是我们每时每刻都面临的选择。我们越频繁地做出这样的选择，我们就越强大，也就越容易做出让行为跃至"线上"的选择，直到它成为我们首选的行为……大多数时候都是如此。

接下来，我们将把最后四章整合成案例研究，这样你就能看到以上说的这些行为模式在日常生活中的模样，以及它们在每个时刻发生的过程。

# Chapter 05 >>>

# 发现行为模式并理出头绪

 

这家音频设备制造商的新耳机系列已推出两个月了，进展并不顺利。新耳机销售表现不佳，未能实现营收目标，可这只是个开始。最糟糕的是，由于音量控制方面出现了技术故障，客户投诉一直源源不断。

特蕾莎的身体靠在小会议桌上，双手握成了拳头，她盯着同事们说道："如果我们有一个好的开始，我们就不会落到现在的田地。"

"你说这话是什么意思？"产品开发部的负责人达伦，不敢相信特蕾莎试图把所有责任归咎于他。他的团队是公司表现最好的团队。他的脸发烫，几乎没法控制自己的音量了。"我们赶上了最后期限，做出了一款很棒的产品，也把市场推广所需要的材料都给你们了。如果你们的人不能……"

她回答："根据你们交付的材料，我的人已经做得很好了。但是当我的团队向你们提出信息需求时，你们的人并没有帮上多少忙。现在我们必须解决这个技术问题，显然这并不是我们的错。"

"哇哦！你们两个怎么和那些客户一样气冲冲的！"销售主管贝蒂娜插话了，虽然她语带讥讽，但她笑了笑，缓和了语气。她调出了按地区和专营店细分的销售量。"我曾要你们所有人提供最新情况，以便我调整销售目标。我需要这些信息。"

特蕾莎沮丧地叹了口气。"贝蒂娜，我不知道你还想要什么。我们已经把手头的所有材料都发给你们了。"

"如果想扭转局面，我需要更深入地研究市场数据。"贝蒂娜必须掌握所有细节，才能解决这个问题。公司的首席执行官蒂姆要求她们的团队快速制订解决方案，并制订出下个季度的市场营销方案，她可不想失职。"我一定不会让他失望，绝对不会让这样的事发生。"她想。

达伦打断了她们。"我想我们得赶紧想办法，不能再浪费时间收集信息了。关于处理生产方面的问题，我有一些想法。"

"达伦，所有人的观点，我们都需要讨论。"贝蒂娜回答。"我们定下的任何计划都会影响我们所有人，而不仅仅是你的团队。"

"你和马克讨论过你的想法吗？"特蕾莎问道，"他能让一切计划变成现实。"

负责运营和制造关系的马克，一直没有说话。他的身体微微后仰，思考着此时会议室的气氛有多紧张。他想到了一个合理的解决方案，但他没有说出来。"这可能行不通，"他想。"我还没了解过具体内容。但我确定，达伦在听我的意见之前，已经和他的团队成员一起评估过了。"

特蕾莎轻蔑地哼了一声。"你不该等到别人问你问题时你才说话。"

他们就这样兜着圈子。一个小时后，他们都很沮丧，只定出了一个大致的计划框架。他们都感到压力重重，认为必须加快速度了，否则会让局面越来越糟。但他们还在没完没了地互相指责，而且好像无法摆脱困境。好消息是，他们都对这个品牌、这个产品充满热情，都想尽快解决问题，提高产品销量。

在读完前面的四章，并且完成你自己的心灵风格测试后，你可能已经意识到，这四个人都陷入了某些应变策略。特蕾莎、达伦和贝蒂娜在"自我抬高行为"一项的得分都很高。特蕾莎和达伦明争暗斗、互相指责，因为谁都不想让糟糕的业绩给他们的职业表现——他们的价值感——抹上污点。他们三人的控制欲都很强，这影响了他们共同解决问题的能力。再加上贝蒂娜冷嘲热讽、特蕾莎过度努力，导致会议气氛紧张极了。与此同时，马克高度依赖他人、躲闪回避的行为使他不敢冒险，不敢说出对团队和公司有益的想法。在那次会议上，他们都在以自己的"线下"行为回应对方的"线下"反应。

这样关系不睦、气氛紧张的团队，我们遇到过不少。一般来说，公司一旦业绩不良、危机四伏或者有可能蒙受经济损失时，就会触发人们的恐惧，从而触发"线下"行为。过度努力的行为、争强好胜的行为和把持控制的行为在领导者身上尤为常见，因为这些行为确实能够带来一定的效果。但个人付出的代价，以及企业文化和团队表现方面付出的代价可能极高。在极端情况下，当客观性、创新性和灵活性统统丧失时，这些行为就会给人傲慢无礼之感，使人的戒备心变得很强。这样的"线下"行为会耗费人们大量的精力和时间，导致人们做出草率的决定，彼此拖后腿，甚至背后中伤别人，发生内斗。如果这些行为出现在家庭或其他环境中，那么也是有害的。总的来说，有人的地方就有江湖，人们就会彼此算计，导致人际关系变差，但我们可以选择重新回到"线上"。

据我们了解，一个团队面临的第一大挑战，通常就是彼此责备：一个压力巨大的项目、一场难以应对的危机或彼此冲突的个性，造成了难以破局的困境。但个人行为在引导着我们去应对这样的危机、压力和冲突。"线下"的应变策略经常会引发其他人出现同样的问题，形成恶性循环，阻碍我们朝着积极的目标前进。也许你已经在自己的家庭生活或社交生活中看到了这样的局面。对许多人来说，"是他先惹我的"，这句话勾起了我们不少内心深处的童年回忆。

然而，对于任何个人或团队来说，那些"线下"行为并不能反映他们的全貌。例如，马克是一个非常值得信赖的人，这是他的同事们所看重的一点。他也是一个非常讨人喜欢的人，人们都喜欢和他共事。他在"值得信赖"和"人际交往"方面得分很高，在"真诚可信"和"同情他人"方面的得分也不低。贝蒂娜在"爱"这一象限的表现也很强，她很受人们欢迎。特蕾莎在"谦逊"这个象限的得分很高，尤其是真诚可信、乐于改变和追求成就方面。她追求卓越这点备受大伙推崇。达伦为公司做出了令人印象深刻的业绩，他的同事非常欣赏他为公司做出的贡献，也欣赏他的办事能力。

然而，问题是：当这些人陷入困境并触发了"线下"行为时，会发生什么？他们为何会出现这样一些行为？这些行为是如何在他们人生的不同领域中表现出来的，他们如何才能茅塞顿开、回归"线上"？

现在我们就来看看，在现实世界中这是一个什么样的局面，摒弃"线下"行为会带来什么样的力量。在这一章中，我们将探索如何集零为整，将迄今为止我们学到的所有内容融会贯通。四大普适法则，情境＋思维＝行为，诱因、模板和真理，内心的空洞和伤口、内在誓言和内心的黄金——它们形成了一些塑造我们人生的行为模式。在你洞悉我们行为背后的动机时，你就有机会让自己变得更有风度、更有水平。

我们在审视自己的行为模式时，很容易忽视或错误判断我们的行为如何影响他人。我们会被其他人触发，同样，我们也会触发别人，采取"线下"的应变策略。或者，我们也能为他们提供性格成长的机会，让他们跃居"线上"。理解我们的角色，理解我们身边的人，理解他们的诱因、模板和个人成长历程，是我们自身成长的关键。

我们在本章中提到的这些人物，其原型是我们曾经培训过的真实个人，他们的经历都是真实的。当然，为了保护他们的隐私，我们更改了他们的一些关键特征。我们希望他们的故事能够为你打开眼界，帮助你发现大好机会，使你能改变自己的行为，并对你周围的人产生积极的影响。

当你阅读本章时，不妨把那份你已经完成的心灵风格测试放在一边参考，这样你就可以在读他们的故事时，将那些似曾相识的行为或人生背景与你的人生联系起来。思考一下：你自己的生活、你的行为是如何触发他人——你的家人、你的同事、你的朋友——的行为的，他们的行为又如何触发了你的行为，两者之间是如何互动的？

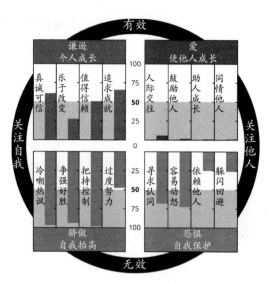

达伦

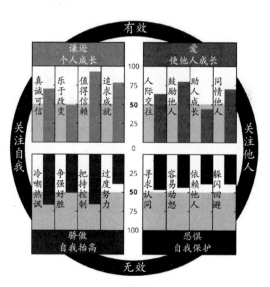

贝蒂娜

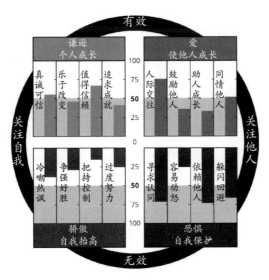

马克

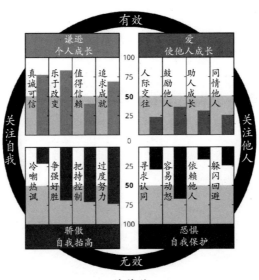

特蕾莎

## 将你的行为与你的头脑、内心联系起来

在他们的产品出现问题后不久，特蕾莎、达伦、贝蒂娜和马克参加了我们的心灵风格培训课程和讨论会。首席执行官蒂姆也和员工们一样，发现高层管理人员之间发生了矛盾，因此他决定采取行动。于是，在一个小组讨论会上，这些高管们收到了他们的心灵风格测评结果。他们的自我评分结果显示了他们对自己的评价，此外还有他人给打的平均分（他们每个人都选择了 9 名受访者帮他们打分）。对于这个团队中的一些人来说，他们的测试结果并不让人感到意外，而另几位高管的测试结果却并非如此。

### 往前走的唯一办法就是：证明我比别人优秀

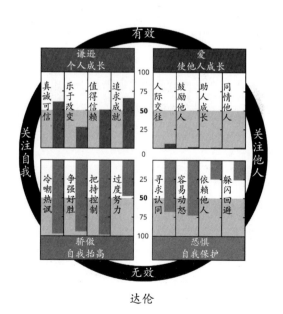

达伦

那天会议结束后，达伦晚上回到家时，他显得烦躁不安。他的

未婚妻香农问他怎么了，但达伦说话很冲。尽管香农知道，自己的问话可能会引发一场争吵，但她还是追问他到底怎么了。

"我真搞不清楚，我那些同事不知道都是些什么人！"达伦脱口而出。"你看看这个。难道他们真的觉得，我一点儿也不会鼓励别人……或者，一点儿同情心都没有？"他扬了扬他的测评单，把它丢在沙发上，他的声音变得生硬起来。

听到这熟悉的语气，香农犹豫了片刻，试图说得婉转一些。他们在一起两年了，随着他们的婚期越来越近，她开始顾虑重重。她爱达伦，但当她哪一天过得不顺利时，他绝对不会去安慰她。他有许多她欣赏的优点。但她知道，如果自己生病了，可别指望他会照顾她，也别指望他会递上一束她最喜欢的鲜花、给她一点儿惊喜。对于这些，她能一直忍受下去吗？现在不是谈这些的时候，但对于他收到的同事们的那些反馈，她完全能够理解，在这一点上她想诚实地表个态。

"你做过什么鼓励别人的事情吗？"

"你什么意思？"

"别人干得不错时，你会表扬他们吗？别人想出了好点子时，你会赞赏他们吗？你有没有告诉别人，你支持他们？"

"你是说惯着他们？"

"我想这就是答案。"

达伦觉得他的脸又烫起来了。他想起了那次灾难性的团队会议，还有研讨会上的讨论。"我被刺激到了，"他想，"香农说的话实际上刺激了我。这是为什么呢？"

当我们在讨论会上说到心灵的空洞和伤口时，他变得局促不安起来。他可以看到"情境 + 思维 = 行为"的价值，但办公室可不是你抱怨上一任老板有多糟糕的地方，也不是分享你童年的那些悲伤往事的场所。

公司里很少有人知道，达伦的爸爸在他 12 岁时就去世了。他和妈妈、三个弟弟妹妹一起坐在医院的等候室里，等待爸爸做完急性心脏病手术。最后，做手术的外科医生终于出来了，他告诉他们，爸爸死在了手术台上。达伦感到无助，这是可以理解的。

尽管达伦肩负着帮助妈妈抚养弟弟妹妹的重担，但达伦在学校表现很好，他想向人们证明，尽管重担在身，他仍然可以出人头地。从此他再也得不到爸爸的爱了，妈妈也不像从前那样关心他了，这导致他出现了竞争性和控制性的行为，这样的行为一直伴随着他。爸爸去世的事，还有他从此之后的经历，形成了他内心的誓言。"一切都取决于我""我只能靠自己了""人生苦短，所以得快点儿成功""不要被感情控制，这太痛苦了"……这些在青少年时期形成的内在誓言，构成了他内心模板的基础。它们让达伦把大多数情境都诠释为一个机会：以这样或那样的方式证明他的自我价值，并在他的内心筑起一堵墙，以防被情感吞没。在社交场合，当他觉得难以走进别人的心里，或害怕别人发现他的软肋时，冷嘲热讽便是筑起这堵心墙的捷径。

这样的心态、思维和行为，让达伦在第一份工作中表现出色，因为那家公司的文化强调绩效和成果，将其作为唯一的衡量标准，并不在乎个人的成长。这很适合达伦，他不必面对自己的个人成长问题，也不必敞开心扉去关心别人、帮助别人成长。但他目前所在的公司文化却很不一样，让作为公司领导的达伦举步维艰。而这份心灵风格测试结果给了他探究其中原因的机会。

尽管达伦已经意识到，他早年的生活对他产生了影响，但他还没有准备好承认他的心灵、他的头脑和他的行为之间的关联。

他如果想要挽救他目前所在公司的事业，还有他和香农的关系，他就得加快步伐了。

## 我如果失去控制，就会坏事

达伦并不知道，其实贝蒂娜也是在没有父亲的环境中长大的。事实上，她根本不认识父亲。母亲在 16 岁时就生下了她，随后父亲很快就搬走了，拒绝进入她的生活中。在她的祖国，几乎没有相关法律要求父亲抚养孩子。为了维持生计，贝蒂娜的母亲需要同时打三份工。

贝蒂娜的外祖父母一直在她身边。她的母亲和外祖父母给了她爱和关心。但她仍然感到羞耻：亲生父亲抛弃了她。她告诉别人，父亲不在她身边，因为他在邻省工作，只能偶尔在周末回家。在她的整个童年时期，为了不让这件事穿帮，她很难让任何人完全走进她的生活，但她想得到别人的认可。她会用粗鲁无礼、冷嘲热讽式的幽默让自己引人注目，并借此与同龄人建立友谊。

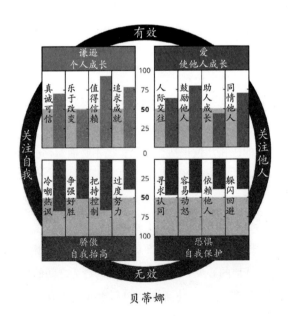

贝蒂娜

她深知，母亲和外祖父母为她付出了很多。为了报答他们，贝蒂娜在学校里表现得很好。他们越是称赞她聪明，她就越会利用知识来显示自己的价值。她掌握的知识越多，她就越有把握实现自我价值。

贝蒂娜是在大学里认识她丈夫的。他们已经结婚十年了，生了一个女儿和一个儿子，她有一个亲密的、充满爱的家庭。一方面，在家里，贝蒂娜觉得自己得到了爱、被接受了，所以她那些受骄傲驱动的冷嘲热讽、争强好胜和把持控制行为很少被触发，被她那些受爱驱动的人际交往、鼓励他人、同情他人的行为以及受谦逊驱动的行为中和了。另一方面，在工作中，"情境 + 思维 = 行为"公式在她身上非常适用。贝蒂娜需要做得很好，并且需要证明自己优秀，这意味着她经常被那些使用类似应变策略的同事——比如达伦、特蕾莎——触发。她已担任销售部主管三年了，在此之前已担任销售小组领导六年，并在团队使用的许多流程和工具的创建过程中发挥了重要作用。她知识广博，爱好学习。知识是她实现自我价值的一大法宝。

然而，对于她的下属来说，日子并不好过。有的新成员带着其他公司的经验而来，对于如何改进或创新销售团队的工作方式，他们有一套自己的想法，但他们觉得自己被贝蒂娜封杀了。他们在背后称她为"爱说'不'的女王"。他们喜欢她，从很多方面来看，她都是个好领导。如果你遇到了个人问题，她会给你支持。她了解团队的每个人，了解他们的长处和弱点，并把他们团结在一起。然而，她不喜欢受到别人的挑战，这让他们觉得，他们没法完全发挥自己的水平、施展自己的才华。

其他高管也有同感。他们喜欢贝蒂娜，但他们也知道，要让她改变她的团队的工作方式、学会与其他团队合作、分享销售业绩的细节，可能需要很长很长的时间。他们只是希望她能更配合一些。

### 照别人说的做，以求安稳

在会议结束后的几天里，马克一直在思考他想出来的那个解决生产问题的方法。达伦与他分享了自己的想法，马克知道那个办法可能会奏效，但并不完美。当马克问他一些问题时，达伦要么不予理会，要么冷嘲热讽。依赖他人和躲闪回避的应变策略让马克临阵退缩了。

我们经常被他人冷嘲热讽、把持控制的行为触发，出现基于恐惧的行为。他们越是来势汹汹，我们就越畏首畏尾，唯恐他们会猛烈抨击、批评或拒绝我们。

马克刚被升为高管，可这没什么用。他可不想在刚获升迁的前6个月里做错什么，所以他拿不定主意。这让他精疲力尽。他几乎从未忘记父亲教给他的智慧：埋头苦干、认真做事。（他的父亲在同一家公司做了三十年的中层管理工作。）之前马克曾在两家公司就职，这两家公司的企业文化都是进攻型的。这让他更加坚定了自己的想法，使他那"不要冒险，不要强出头，这太危险了"的内在誓言得到了强化。

在工作中，马克一直都很努力，从他"值得信赖"一项的得分就可以看出这一点。大家都熟悉他的为人，他能被提升为一个依赖程序和制度取胜的团队的领导，也是得益于此。但是作为一个领导者，必须主动一些，必须为自己的团队出头，必须想方设法积极推动工作的进展。可到目前为止，他还没有做过这样的事情。

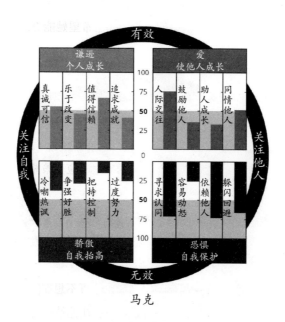

马克

在那次毫无成效的会议后的第二天，当马克看他的测试结果时，他看到"依赖他人"和"躲闪回避"两项的得分很高。他可以将这一测试结果与他在那次会议中的表现，以及最近从公司首席执行官蒂姆那里得到的反馈联系起来。他总是害怕寻求帮助，尤其是在他刚担任新职务时。他不知道如何打破这个循环。此外，他能看出，他在"鼓励他人"和"助人成长"两项中的得分较低，如果他想成为优秀的团队带头人、公司领导，那么这将是一个问题。他意识到，"也许这个反馈来得正是时候，让我终于能够放下一些内在誓言，不再去一味追求安稳"。他想成为一个卓有成效的领导人物，需要得到帮助。这种渴望超过了他对寻求帮助的恐惧，也许是时候做点什么了。蒂姆是个不错的指导老师，他给马克提了不少反馈意见——为马克营造了一个安全的氛围，让他受到鼓舞、得到成长，而不是害怕让别人失望。

## 如果我不去努力证明、表现和力求完美，我将失去一切

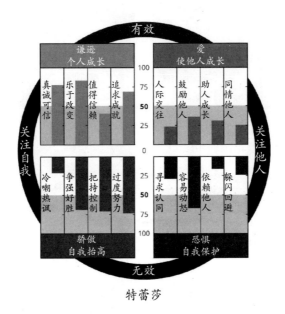

特蕾莎

特蕾莎是一个渴望学习的人，她把任何成长和提高的机会都当成礼物。当她收到测试结果时，她并没有感到特别惊讶。没错，她没有想到她的行为是那样的，但凭着过去收到的反馈，她已经知道：她的同事有时会觉得她有点儿好斗，当她变得好斗时，还会有点儿吓人。

她回顾了一下自己的过往，知道他们是对的。特蕾莎是真人版的"麻雀变凤凰"。她在贫困的家庭中长大，从小就学会了奋斗。她的父母希望她过得更好，但他们都没受过教育，也是在贫困的家庭中长大的。她的家境让她受到了别人的孤立。在她上学的前几年中，她经常遭人取笑，因为她穿得破破烂烂的。但她天生就有聪明的头脑，决心在学校好好学习，摆脱贫困。她不是在照顾她的兄弟

姐妹，就是在学习，获得了读高中和大学的奖学金。她是家里第一个读完高中的人，更不用说读大学了。

特蕾莎能告诉你，她的过度努力行为来自内心深处的一种渴望——"永远不再过苦日子"的内在誓言。这驱使她强迫自己要有所作为。她受人欺负的幼年经历，创造了两个模板：你必须为这个世界上的一切而战，在别人对你动手之前先动手；被践踏、受压迫的人需要得到保护，因为她自己常常得不到保护。所以尽管她让别人感到紧张，但她的团队成员们都喜欢她，因为他们知道，她会支持他们。然而，她的其他同事觉得她太护着自己的团队了，在某种程度上导致不同部门间发生了冲突。

看到在"爱"的象限自己得了低分，她感到很苦恼。她和丈夫的关系不错，但她似乎缺乏亲密的友谊。她有一两个亲密的朋友，但是她知道，她并没有向他们全盘吐露她内心深处的感受和面临的挑战。"我为什么要跟他们说呢？"她想。"说不定他们以后会拿这个来对付我。"她的一个朋友最近住院了，她没有时间去探病。好吧，如果她对自己诚实一点儿，她就得承认：是她不愿抽出时间去探望那位朋友，因为她永远把工作放在第一位——公司里发生的事情才是最重要的，不是吗？


## 看看你的内心——了解你自己的故事

我们每个人都有自己的经历，这些经历塑造了我们的思维、我们的行为，以及我们看待世界的方式——我们的"真理"。我们也和特蕾莎、达伦、马克和贝蒂娜一样，是一个多面体：无论何时，我们的行为往往取决于我们的人生背景：情境＋思维＝行为。问题是，当我们受到触发而有可能合采用"线下"的应变策略时，我们能否让自己多做出一些"线上"的行为？如果我们能知道我们的诱因、模板、真理和内在誓言是什么，我们就有机会在大多数情况下保持"线上"状态。

想到大家都面临着这种情况，我们感到多少有些宽慰。虽然每个人都不一样、有不同的背景，但我们都有相似之处。一个房间里的两个人可能都有竞争性应变策略行为，但其来源可能完全不一样。可即使模板并不一样，行为却是相似的。知道了这一点，我们就更容易同情、怜悯我们的同事、朋友、家人，甚至是路上遇到的陌生人。

公司首席执行官蒂姆发现，"线下"的行为在影响着他的领导团队中的每一个人，降低了他们的工作效率。于是，他决心下功夫改善企业文化。蒂姆拥有金融方面的知识背景、具有领导天赋，他已历练成了一个"线上"风格的公司领袖。他从一个鲁莽、好胜的年轻高管，成长为一个真诚可信、有同情心、用"心"领导的领导者。他不仅做出了不俗的业绩，还出了名地善于点拨身边的人，帮助他们成长。

看到心灵风格的累计数据（有超过10万人参与）后，蒂姆深受触动。他特别关注了工作效率问题与受试者"线上"行为得分高低之间的关系。

恐惧和骄傲不利于健康的工作文化，蒂姆很清楚这一点。在达伦、特蕾莎、马克和贝蒂娜再次会面时，他们也开始意识到，如果自己能表现出谦逊和爱，可能会带来全然不同的结果。唯一的问题是，考虑到他们之前的经历，他们怎样才能做到这一点呢？

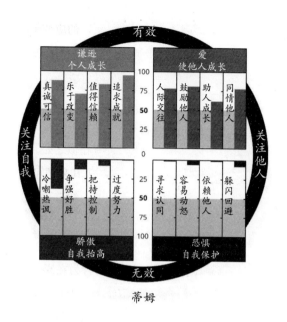

蒂姆

## 不要再玩花样了，我们好好交流吧

在与丈夫共进晚餐时，特蕾莎谈到了自己收到的反馈——尤其是非常低的"爱"的象限的分数。她已经意识到，她的模板在妨碍她的成长。在那次会议后的第二天，特蕾莎决定，表现得弱势一点儿，尝试着换个方式和别人打交道。于是，她走进达伦的办公室。"我们应该谈谈，"她说，"我一直在想，让这个项目重新回到正轨，才符合我们所有人的最大利益。我们在讨论会上提到了合作——真正的合作、不要让自负和骄傲妨碍我们。我们真的开始这样的合作如何？"

## 当前的工作效能水平

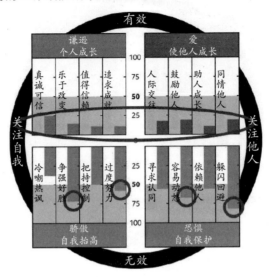

受访者给参与者评分很低

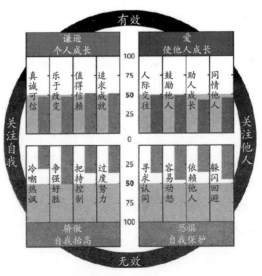

受访者给参与者评分中等

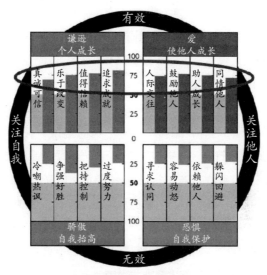

受访者给参与者评分很高

达伦带着既期待又嘲讽的眼光看着她。"当然，我很高兴听你说，终于准备合作了。"

"你知道，达伦，我不想再玩花样了。我们把过去的矛盾一笔勾销，让贝蒂娜和马克也加入进来，一起想办法解决问题，怎么样？"

听到特蕾莎的语气如此坚定，达伦稍稍扬起眉毛，但他点了点头，"好啊"。他叹了口气。"我明白你的意思。我也烦透了互相攻击。我知道我们追求的是同一个目标。"于是，他拿起电话打给马克和贝蒂娜，邀请他们来参加这个临时会议。

当他们四个人都来到会议室后，首先说话的还是特蕾莎。"各位，达伦和我意识到，我们的目标是一样的——我们都希望公司能够盈利。我相信我们都有一些行之有效的方法，来解决手机标签的问题，并尽量弥补产品发售时出现的纰漏。我建议我们演练一下我们在研讨论中学到的'线上'行为，轮流说出我们每个人的想法。"

"我喜欢这个点子，"贝蒂娜同意了，"我再提一点：所有人都必须耐心听别人说话，不随便打断，不讽刺挖苦，不乱泼冷水，让我们保持'线上'的水平。"

其他人都点了点头。

"好吧，既然这样，那我先说吧。"贝蒂娜接着说道，"我们一直在努力加强我们的区域销售战略，但说实话，在提高销量方面，我们收效甚微。我在苦苦挣扎。"她深吸了一口气，细细观察着她的同事们。在工作场合中，她以前从未如此示弱，此刻感到有点儿紧张不安，担心会遭到反对。

"我想我有办法解决这个问题。"马克若有所思地说。其他人都看着他，听到他这么快就主动参与讨论，他们都有点儿吃惊。因为他们都已经习惯了，每次开会，马克都要等到会议结束前最后几分钟才开口说话。"我一直在想，我们可以让工厂加快步伐，把重新贴好标签的耳机送到区域中心，营销团队可以把重心放在芝加哥音频会议上，这可能是一个重新发布产品的大好机会。"

达伦往后靠了靠，说道："我还以为你已经让工厂开足马力了……"这时他看到了特蕾莎的目光，没继续说下去。"对不起，马克，我不该这么说。如果你认为这样做管用，那就太好了。"

听到达伦道歉，马克感到些许惊讶，但私下里又感到高兴，他继续说道："谢谢你，达伦。是的，我相信这个计划是可行的。我建议试试！"

"太好了，这为我们赢得了一些时间，并将给我们带来机会，让我们在芝加哥一展身手。"贝蒂娜笑了。

"我们在会议室中坐了不到30分钟，就已经有了可行的方案，还达成了一致！你们能相信吗？"特蕾莎惊叹道。

"别高兴太早了，"达伦说，"实际上我们还什么都没做。"哎呀，他想，他怎么又开始冷嘲热讽了，他得重新说。"对不起，诸位。我知道刚才我又讽刺你们了。我只是喜欢打开天窗说亮话。"然后，他低下头说道："我对你们所有人付出的努力表示感谢。"

"谢谢你，达伦。"特蕾莎回答道。"如果我们能对自己诚实一点儿——就像你刚才那样。我们如果能像今天这样对彼此坦白，就能改变合作方式，我们的团队就能领先。也许各个部门之间可以停止互相要花样，这样太误事了。也许我们需要爽快地承认，我们都想保护我们的地盘和我们的团队，所以都想强出头。"

在开了几次会之后，他们得出结论，这个团队——而不是他们自己的功能型团队——才是他们的一号团队。尽管这并不容易，但这可能是使他们成长为一个有凝聚力的团队的关键点。他们指出了一些不该在他们之间出现的行为。他们一致同意，当有人跌至"线下"，开始采用应变策略时，会向对方指出，并就每个人希望如何做到这一点达成一致。他们承诺会彼此扶持，还练习了好几次！他们对彼此的信任开始生根发芽，即使有时会出现反复，他们也没有违背这一承诺。在有人冷嘲热讽时，他们会一笑置之，而不是生闷气；在有人骑墙观望时，他们也会一笑置之，并通过继续提问寻找解决方案。如果在讨论棘手问题时让气氛变紧张了，他们可以复习一下"情境＋思维＝行为"的公式。

他们在会议室中贴了心灵风格测试的海报，方便随时提醒他们不要忘记这些风格。四个颜色对应不同象限颜色的泡沫球，被摆放在会议室办公桌的中央，当谁的行为跌至"线下"时，可以提示他一下；而当谁跃居"线上"时，就仿佛在默默地赞扬他。好吧，也许有时大家会把球丢来掷去，但无伤大雅。正如达伦所说："换在以前，如果我们还不知道心灵风格测试的意义，我可能会被这些球砸晕！我真是个讨厌鬼！"

他们需要拿出勇气做真实的自己，并且问问自己：为什么我要这样做？我想继续这样生活下去吗？代价有多大？如果有什么地方需要改变，那么应该如何改变？唯有彼此信任、愿意向对方示弱和开放心态，才能帮助他们看到，他们都是一体的；而作为人，他们都有自己的诱因、模板和内在誓言，这些会阻止他们成为最好的自己。"线上"行为会引发更多"线上"行为。在内心深处，他们知道自己正在与真实的、最好的自己相呼应。现在，他们减少了压力，节省了不少时间，让决策更有效了，因为他们都学会了以一种"线上"的方式进行交流（在绝大多数时候！）。他们彼此建立了信任，知道彼此会互相扶持。现在，蒂姆憧憬的那种企业文化已经形成了。各个部门之间不再明争暗斗、进行不良竞争了，创新和协作变多了，各项工作都在不断取得新的进展。

现在我们再回头看看他们第一次开会时的场景：从一开始，大家的情绪就很激动。贝蒂娜一心要收集所有的信息，好让她觉得一切尽在掌控中；这让特蕾莎觉得自己受到了攻击，开启了战斗模式；马克被达伦冷嘲热讽的态度吓得畏缩不前；而达伦则不惜一切代价地拼命追求业绩，并准备击垮任何试图阻挡他的人。当然，他们几个现在仍然会时不时地闹点儿别扭，因为他们是人！但现在他们可以问自己一个问题："我是否在根据过去的经验（模板）对当前的情况做出反应？"这是玛拉最喜欢的问题。通过了解是什么触发了他们、他们的模板是如何形成的，以及他们应该提供什么样的"黄金"，他们已经在有意识地做出改变，让他们的想法和行为转向"线上"的频率大大提高了。

那么达伦呢？他知道，在公司中他改变了不少，但他在家里更需要做出改变。他让香农实话实说，他冷嘲热讽的态度，是否在摧毁她对自己的信任。从香农眼泪汪汪的回答中，达伦终于听到了真实的反馈，他已经从朋友和同事那里多次得到了同样的反馈。在他们结婚的时候，达伦已经成为一个能让他爸爸引以为傲的男人。他是一个成就卓越的人，但他也要做一个人格完善的人。他要让自己的团队更强大，他知道他能做到；当他发现自己在会议上变得咄咄逼人时，他会向别人道歉，并让自己冷静下来。他成了一个爱心满满的丈夫、爱心满满的父亲。香农经常收到他送的鲜花，还附有小纸条。虽然上面只写了短短几句，但这些话语都发自他的内心。

现在，你已经对照着自己的心灵风格测试的结果，阅读了马克、特蕾莎、达伦和贝蒂娜的故事，你看到了他们在思想和行为上的改变。你是否摩拳擦掌、跃跃欲试，迫切地想让你的人生也发生这样的变化？但你该怎么做呢？该如何开始？这正是第六章要讲的内容。

# Part II
## 跃至"线上"

# Chapter 06 >>>

## 弃暗投明！如何抗拒把你拖到"线下"的力量

欢迎来到本书的第二部分。现在你也许在对自己说："好，我明白了，但是我该如何在'线上'生活、在'线上'领导呢？"接下来的五章将向你呈现各种方式方法，你可以将它们运用到生活的方方面面中。这些方法是"心灵与智慧"的结合，可以锤炼你的性格，假以时日，它们会成为你的一部分。请记住，我们不是要让你改变自己的性情，只是想为你提供提高效率、增长智慧的机会。

老话说得好："取其精华，去其糟粕。"当你读本书的第二部分时，部分内容可能会引起你的强烈共鸣，那么你可以把它们用起来。在接下来的 6 到 9 个月里，再翻阅一下第二部分，也许其他一些内容也会让你产生共鸣，那么你可以再次让它们为你所用。

性格培养就像去健身房锻炼一样，关键在于坚持和训练。强大的体魄不是一朝一夕练成的，人的性格也不是一朝一夕就能磨砺好的。在这两种情况下，有人在你身边指导你是很有帮助的，会带来很大的不同。你不妨把这些章节想象成健身房的私人教练。如果你能学习运用这些知识，久而久之，你将会看到巨大的变化——你的个人生活和职业生涯中将好事连连。你要坚持把它们付诸实践，让你的导师、朋友、同事或伴侣对你说真话，为你提供反馈。

从"线下"跃至"线上"的秘密，在于简单的三步：

1. 辨识：我身上发生了什么。

2. SBTB[①]：停止、呼吸、思考、行动——现在该做什么。

3. 规划你的性格——将来要做什么。

理查德把车开进车道，双手紧握着方向盘。"记得关车库门有这么难吗？"他的内心在咆哮。这又不是什么难事，只需要按下一个按钮！他踩刹车，下了车，"砰"的一声关上门，冲进了屋子。

苏珊不敢相信她的上司会支持总裁的新计划。她确信这个计划行不通，而且很可能会适得其反，影响销售和生产。如果他们问过她团队中的任何一个人，他们就会知道问题出在哪儿，然后再采取相应的措施去处理。好吧，这次她不会帮他们擦屁股了，她的上司可以找别人去帮他们。她会在下次开会时再提此事。

"玛拉，车钥匙在哪儿？上次好像在你那儿。"

"不对，亲爱的，不在我这儿。"

"就在你那儿。我们快来不及去看演出了。"

"不在我这儿。"

---

① Stop, Breathe, Think, Behave，译为停止、呼吸、思考、行动。

你同情这些人吗？这个星期，你有没有想过在别人超车后狂按喇叭；当同事在会议上批评你的想法时，你的血压是否升高了？当你预约了车，车却暂时还不能用，预订的酒店又在同一天出现问题时，你是否会觉得万分懊恼？当你的孩子磨磨蹭蹭时，你是否想对孩子大喊大叫？或者，其他什么事情将你拖到了"线下"，让你求助于你惯用的那些应变策略？这样的反应太正常了，但于事无补，毫无效用。

每一天，我们都可能会遇到那些触发我们、让我们跌至"线下"的情境。有的情境的确会刺激我们，因为这个世界上确实存在各种恶行和不公正行为。但有的情境表面似乎如此，实则不然：在那些情境下，我们会觉得自己受到了冒犯，是基于自己的"真理"而不是真实情况做出的判断。其中有一部分是我们每天都要面对的情境，比如遇到堵车或迟到。

> 一个人为多大的事儿生气，就说明他的格局有多大。
>
> ——亚伯拉罕·林肯

每一天、每一个小时，甚至每时每刻，我们每个人都有机会选择去改变我们的行为，从习惯性的"线下"转变成"线上"风格。理查德、苏珊，还有我们俩，都是如此。我们只需辨识出那些有可能让我们采取无效行为的迹象就行了。幸运的是，这是可以做到的。

理查德刚进门就停了下来，深吸了一口气。他开始想，自己为什么会为了这样无关紧要的小事大动肝火。他知道，他很累。就在这一天，他的一个下属耽误了某项目的最后期限，让他一整天都感到烦躁不安、筋疲力尽。为了在办公室中保持"线上"水平，他已经耗尽了所有的精力。当他走进屋里时，他深吸了一口气，做出了一个选择：把他的爱——而不是他的应变策略——传递给他的家人。

苏珊没有急着去找上司谈话，她先思考了一番自己将要采取的行动，目的是让上司看到新计划的缺陷。然后她明智地克制了刚才的冲动，认识到那也许并不是她最真实的想法。她发现，她真正想要的是让团队继续做出成绩，她确信这也是上司想要的。他们需要讨论的是如何实现这一目标。此外，如果她与上司谈话时一心想要证明上司错了，而自己是对的，他是不会听的……而且毫无疑问，这样做的下场很糟糕！

玛拉和史蒂芬没有继续争论下去、坚持说钥匙在对方那里，他们让自己放松下来，冷静了片刻，然后一起去找钥匙。（听起来似乎难以置信，但那次我们真的做到了！）

让很多人感到惊讶的是，当他们开始不断地改善自己时，他们看到别人也发生了变化。"我的上司似乎更尊重我了。""我的爱人更有爱心了。""我的孩子们更听话了。"正如我们所说，"线上"行为会激发更多的"线上"行为。向他人展示我们内心的谦逊和爱，会鼓励他们也这样做。但总得有人先做个表率！有时候我们只需要成熟一些、做出"线上"的行为。你是否发现自己会这么想："这套在我的上司/伴侣/孩子/父母身上永远行不通。"即便别人没有改变，你也可以改变——你将更妥善地处理好每一件事，并发现自己变得更强大了。

当我们相信自己不会被他人的行为或某种处境拖到"线下"

时，我们就会觉得自己充满了力量。许多年前，一位参与者在一个项目结束时说："我再也不会被原来那些诱因和模板牵着鼻子走了。"这是多么积极的内在誓言啊！当我们处事冷静（冷静地下命令、冷静地与人沟通、冷静地同情他人）时，我们会更有信心处理棘手的情况，并忠于自己的内心。我们会学会关注、谈论重要的事情，而忽略其他的小事。随着我们更加同情、理解别人，我们与别人的关系会更融洽。

现在，我们就通过这三个步骤弃暗投明，选择"线上"的行为。


## 辨识：我身上发生了什么

辨识我身上发生了什么，是过渡到"线上"行为的第一步。

看清自己的行为并不容易，因为我们未必总能把自己看清楚。下面这些小诀窍，可以帮助你看清自己。问问自己以下这些问题：

1. 我遇到压力时会采用什么样的"线下"策略？

2. 牢记"情境＋思维＝行为"，什么情境会触发我的"线下"行为？

3. 什么模板在发挥作用？什么样的空洞、伤口或内在誓言在控制我的情绪，并帮助我形成这个模板？

4. 我的"真理"和这里的真理分别是什么？

5. 我是累了吗，还是背负着来自其他情境的负压力？

6. 在"自我"所依附的东西中，哪些是我应该抛弃的？

7. 当"情境＋思维＝行为"时，我是否有被拒绝的感觉？是否觉得自己不够好，是否想去证明和表现自己，或者是否想证明自己永远是正确的？

8. 别人的积极意图是什么？在他们身上发生了什么事？

9. 我们共享的意义和真理是什么？

10. 在哪些方面，我可以向自己、向他人展现气度和雅量？

### 感受一下——你的身体不会说谎

像我们在第二章中提到的一样，在我们大脑里存储的模板中，嵌入了与过去经历相关的记忆，还有当时出现的生理反应。这些反应源于大脑中的"或战或逃"机制。它会导致大脑释放促肾上腺素，使我们的精力和力量倍增。如果威胁还没有消失，大脑就会释放出皮质醇（在最近我们看到的一篇文章标题中，皮质醇被指为"头号全民公敌"），它会让我们保持高度警惕，准备逃跑或进行自卫。

大多数人都能识别出自己身负重压时出现的一些生理症状，但未必能识别出自己受到触发的信号。当与此相关的生理反应不是特别明显时，我们可能更加难以识别它们，因为我们通常不会将它们与被触发的模板联系起来。也许，我们根本不知道那个模板的存在。不妨浏览一下下面这些我们受到触发后的常见信号——泄露我们内心的小动作，能帮你思考自己的反应。

胸部有重压感

胸腹部火辣辣的感觉

腹部感到恶心、难受

语速变化

语音变化——变高、变低或发颤

忘记话语或细节

突然感到头疼或眼睛后方疼痛

避免与他人目光接触

狠狠地盯着对方

咬指甲

握紧拳头

叩击手指

咬紧牙关

玩笔或其他小东西

在椅子上动来动去

抖腿

用脚打节拍

你的身体不会说谎，但你的新大脑皮层肯定会说谎。为了保护你，它会撒弥天大谎！记住，正如我们在第二章中所说，新大脑皮层是形成我们人生策略的地方，所以从逻辑上讲，在需要保护我们的时候，它可以使用（欺骗性的）防御策略来帮助我们"觉得"我们正在想办法处理问题。它是世间最会说谎的家伙，但它的确出于一片好心。

---

**⚙️ 练习：了解你的预警系统**

我们可能很难识别出我们独特的预警系统。这些生理反应是我们每个人特有的，它们能告诉我们，我们被触发了。因此，大家不妨深入思考一下公式"情境 + 思维 = 行为"，回想一个不久前出现的、你被触发的情境。你知道自己被触发了，是因为你当时采取了"线下"

的应变策略。

首先，试着回想某一个情境。然后深入一些，思考以下问题：当时是一种什么样的情况？那里都有些什么，周围环境如何，有什么颜色或声音（如果可以的话，甚至包括气味）？那里都有哪些人在？他们说了些什么？用的什么样的语调？当时你感觉如何？

其次，想想你身体的每一个部位：你的手和脚、你的胳膊和腿、你的核心部位，你的面部及至整个头部。当你开始变得情绪激动时，你的这些身体部位出现了什么反应？

弄清这种情况发生的频率，以及会在什么样的情境下出现。

最后，你能确定你已经这样生活了多久吗？问问你自己："我出现这种反应有多久了？"（这是一个很好的边缘系统问题，可以为你解锁不少信息。）

你如果感到哪儿卡住了，就试着继续深入挖掘这一场景的细节。你甚至可以试着重新体验这些情绪，如果你这样做，那些生理反应就会随之出现。

当这些生理反应出现时，你不要再试着为它们辩护，只需感受它们并把它们记录下来。如果这些生理反应和情绪变得过于强烈，你可以通过这样说（如果有需要的话，你可以大声说出来）让自己远离它们："哦，这些不过是我的情绪和身体反应。它们只是发生在我身上，它们并不是我。过去是过去，现在是现在。我现在要深呼吸，不再被它们困扰。"

这个练习的目的并不是让你重新体验触发你的情境，或者让你解决问题。它的目的只是让你试着去了解：当你受到触发时，你的身体是如何做出反应的，这样你就能更睿智，下次你就能预见、感知到它的到来。学习将我们的生理反应与心理模板联系起来，可以让我们更容易意识到这种情况的发生，从而更好地管理自己的反应。

知道我们什么时候会被触发，能给我们带来强大的力量，让我们有机会停下来，思考正在发生的事情，并对下一步的行为做出更好的选择。我们可以否定"试图帮忙"的新大脑皮层给出的应对策略，并为"线上"策略创建出新的模板。

## SBTB：停止、呼吸、思考、行动——现在该做什么

"停止、呼吸、思考、行动"的整个过程大致如下：

1.停止（开始转变了！）：停止你正在做的事情。如果当时你在说话，那就把这句话说完，然后别再往下说了。如果你当时坐着或站着，试着让自己停下来，感受自己的身心，然后稍微改变一下你的身体姿势（如果你当时站着，试着把你的重心移到另一条腿上；如果你当时坐在椅子上，可以稍稍挪一下位置）。只需要稍微改变一下姿势即可，这样别人不会察觉什么，但你自己能注意到，因为你赋予了这个动作意义。外在的动作幅度不大，但它带来的意义不小。

2.呼吸：用鼻子吸气，然后呼气。有些人会问，如何才能在这样呼吸时继续和别人谈话，且不让周围的人觉得怪异。你不一定非要用多夸张的动作，只需要让别人畅所欲言，同时通过鼻子安静

地吸气和呼气即可，让你的肺得到舒张。如果你当时坐着，往后坐一点儿，而不是往前坐，选一个更放松或开放的姿势。如果你当时站着，可以稍微移动一下你的重心。所有这些你特意做出的小小改变，都是让大脑冷静下来的信号。即使是有意识地做两次深呼吸，也会让你的大脑得到放松，给大脑再度供氧，让你的思维更清晰。

3.思考：我的意图是什么？

这会给别人留下什么印象？

我的行为对别人有什么影响？回答这个问题时要用心思考，而且要诚实！

然后，有意识地把注意力集中在一个积极的词上，对自己说出这个词，比如"平静"，或者，像我们对自己说的，"去爱所在的地方"（在第一章的《大本营一分钟练习》提到过），感受自己的生理机能逐渐平静下来。有些人甚至会对自己说，"跃至线上"，或专注于某种特定的风格，"同情他人、真诚可信、人际交往"，等等。最有效的方法是先深呼吸，再转变思维方式，接着深呼吸，然后转变思维方式。

4.行动：让你自己转向你现在想要实现的想法或做出的行为。当玛拉感到她即将陷入"线下"状态时（或当她已经陷入"线下"，但史蒂芬和颜悦色地向她指出来后），她就会采取以下这些行动：她会停下当前的行为，意识到自己太紧张了，试着放松自己的身体，深呼吸，对自己说"放手"，让自己转向追求成就的行为（我们知道，和过度努力的行为相比，这样的行为更能办好事情）。

很简单，是吧？但当你紧张、愤怒或焦虑万分时，你也许很难做到这些。别担心，我们制定了一套工具和策略，帮你实现"停止、呼吸、思考、行动"四步走。

**停止：改变你的体态、你的声音、你的语言**

通常，当我们被拖拽到"线下"时，我们可能会意识到一些生理反应，但我们不会意识到我们的体态和声音受到的所有影响。我们的体态和声音是我们行为的一部分，可以发出重要的信号，我们都知道，重要的不是说什么，而是怎么说。而调整我们的体态和声音也会影响我们的思维，帮助我们平静下来。

下次当你感觉自己被触发时，试试这些简单的做法，以确保你的体态和声音正在发射出"线上"的信号。


· 放松并让你的肩膀自然下垂。

· 把你的手放在身体两侧，或者放在桌上，或者双手紧扣着轻轻放在身前（这样你说话的时候就不会用手去指、戳或者做出"砍劈"的手势）。

· 放松你的面部和喉咙。

· 微笑，感受肌肉的变化。

· 试着把你的声音升高或降低一个八度，提高或降低音量，具体如何做，取决于当你跌至"线下"时你的声音的变化。在生气或感觉受到冒犯时，有的人会提高音量，而有的人会降低音量。有些人的嗓音会变得低沉，而有些人的嗓音则会变得高亢。要知道你在哪里跌倒，就要有意识地避开哪里。


**呼吸：脑力流失**

你是否曾有过这样的时刻：你无法专注于眼前发生的事情，因为大脑中的各种想法已经占据了你的全部精力；或者，你一时不知道该说什么好；或者，你们仅仅因为找不到车钥匙，就爆发了一场可笑的争吵。在这些瞬间，似乎逻辑和理性已经荡然无存了——这并不是无稽之谈！

当我们感到压力很大，并受到某种情境触发时，我们的大脑会认为，它需要处理真实的或想象的威胁——收缩大脑新皮层的血管，而在这片区域中逻辑占支配地位，管控着我们的社会行为。它重新引导血液（不是全部血液，否则我们会死的！）流向我们的边缘系统，在那里我们的情绪占支配地位，储存着我们的模板，于是或战或逃反应出现了。当我们切换为生存模式时，我们的认知处理能力就会减弱。当我们身处危险时，大脑中的血液会流向负责让我们生存下去的区域，即便那只是一种情感所体验到的危险。

在那一刻，当我们受到脑力流失的影响时，我们的洞察力、判断力、客观性和自我认知都受到了限制——而这些都是新大脑皮层区域的功能。我们的视野变窄，形成了一种管状视野（生理上和情感上），除了我们面前的威胁——触发我们的具体事由，我们根本无法好好思考其他问题。假如你在参加一个旨在解决问题的会议，有人对你的想法提出了质疑，你突然觉得受到了威胁，你就会失去逻辑和客观性。你的大脑会变得一片空白，忘记那些你已经了如指掌的信息，然后你开始担心这个、担心那个，无法聚精会神，听不进别人说的话！血液流向大脑的或战或逃反应中心，你的边缘系统开始工作，试图找到一些曾经给你带来类似感觉的过去的经历。当边缘系统占支配地位时，我们很难弃暗投明或推翻旧的模板——丹尼尔·戈尔曼称之为"杏仁核劫持"。我们的分级反应和躯体感受凌驾在了一切之上，真是一团糟！我们通常会用最糟糕的方式——与之较量——来对付它。没用，不是吗？

如果我们的大脑自动处置，究竟会如何处理？答案简单极了——尽管在当时很难记住。停下来（因为你意识到你被触发了），深呼吸。是的，就是这么简单。

当我们觉得自己开始被刚才说的话困扰，或争论各种反应的利弊，或觉察到我们被触发的任何迹象时，我们就需要做几次深呼吸。这样做有助于让血液再度充氧，使神经系统平静下来。当血液流回大脑的逻辑和条理中心时，血管再次扩张，我们就能更理性、更客观地思考问题，并看清我们的生理和情绪反应。

当我们的大脑完全发挥功能时，我们会意识到自己被触发了，就可以思考为什么自己会做出这样的反应，并将它与自己的心里的想法联系起来。这时我们的新大脑皮层就能介入，并提供有效的"线上"策略，而不是默认的"让我们来提供保护"的"线下"应变策略。

深呼吸是免费的，它是感受"爱"的精神的最佳方式。当我们停下来深呼吸的时候，我们不仅给大脑补充了氧气，也改变了我们内在的精神状态，改变了我们由内而外辐射出来的精神面貌。正如史蒂芬经常说的一样："每种行为都有其精神基础，每种精神都有行为表现。"深呼吸可以帮助我们改变周围的能量。

**思考：用你的大脑和你的心**

布莱恩年轻时是一个可爱且聪明的创业者。不幸的是，由于他太年轻、缺乏经验，他的生意做得并不成功。他没有请律师，一个商家钻了这个空子，与他签了不良合同，导致他的生意失败了。布莱恩太信任对方了，因为对方看上去像个好人，所以他在审查合同时不够严谨。这个决定几乎毁了他——无论从经济上还是情感上，甚至连他的婚姻都受到了影响。

几年之后，布莱恩鼓起了再次创业的勇气，这次他做得比较成功。现在，他和妻子已经有了两个孩子。布莱恩感觉压力很大——他不能让一家人陷入经济危机。第一次创业失败的经历让他形成了一个模板，这个模板使他从未考虑过成为一个合伙人。他和供应商之间保持着事务型的关系，他一心只想打造一家自力更生的公司。在这个角色中，他可以掌控一切，努力奋斗。他相信，只要自己的团队工作出色，并且他能参与做出每个决策，他的公司就不会出现危机。

当布莱恩信任的一位领导给他带来一个招商引资的机会时，他觉得自己应该先听一听再说。后来，他与这个潜在的合作伙伴见了面，这个合作伙伴可以成为他们的服务提供商。这似乎正合他的心意，于是他们又见了好几次面。令人惊讶的是，尽管布莱恩拖拖拉拉、迟疑不决，但他们最后还是签了合同。

在整个过程中，布莱恩心知肚明，知道自己为什么不想签约。他甚至不止一次对妻子说："还记得上次发生的事吗？"不过，他也知道，这是一个很好的机会，他已经进行了绝对可靠的背景调查，而且他也真心喜欢这个合作伙伴乔安娜。乔安娜对这个行业非常了解，干这一行的时间比他还长，和他相处很愉快。为了增进相互了解，他们多次带上各自的配偶聚餐。然而，即使在玩得很开心的时候，一提到合作的问题，布莱恩也会变得紧张起来。

双方共同审核合同的最后一次会议开始了，随着每个条款的提出，布赖恩感到越来越焦虑不安。当他们开始讨论利润分成时，他感到头晕目眩。他的声音紧张起来，话也变少了。"我不能签这个协议！"他想，"如果失败了怎么办？如果她本来动机不良，想要欺骗我怎么办？我不能再让我的家人处于危险之中了！"就在他快要为谁对营销计划拥有最终决定权而大发雷霆时，他意识到了自己的状态。他停了下来，深呼吸，并对自己说："过去是过去，现在是现在，这是两码事。现在没事了，勇敢一点儿，伙计。"

一个小时后，他们在庆祝：新的伙伴关系建立了，美好的前景指日可待。

在深呼吸和签署合同之间发生了什么事，让布莱恩的信心出现了飞跃？他回答了一个很基本但很重要的问题："我的大脑中发生了什么变化？我的心呢？"

尽管他有一套自己的旧模板和行为模式，但与他第一次创业失败时相比，布莱恩已经今非昔比了。现在他是一位经验丰富、知识渊博的商人，而且他已经进行了全面的背景调查。他在考虑与一个完全不同的人合作，对方已经从商多年、颇有成就，没有不良经商记录。布莱恩需要通过谦逊对自己产生信心，通过爱对别人产生信心，但他过去的体验使他很难做到这一点。

"线上"和"线下"的一大区别，就是执着和信任的区别。"线上"的行为植根于对产品或服务的信任、对人的信任、对团队的信任、对支持自己的家人和朋友的信任。"线下"行为则是对每个完美结果的执着、对自己地位的执着、对保持正确的执着、对自己向世界投射的形象的执着、对受到别人尊重的执着、对获得认可的执着、对保持虚假和谐的执着。我们执着于这些，因为我们相信，它们可以证明我们的价值。当我们指导人们摆脱这些应变策略时，我们经常会问：你此时此刻在执着于什么？对于布莱恩来说，他执着于两点：保护他自己和他的生意，证明自己是一个精明的商人。

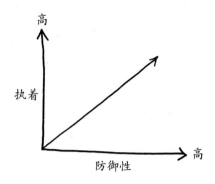

过度执着是危险的，因为它很容易被当作正当的行为。当我们过度努力或把持控制、执着于完美的结局和行事风格时，我们可能会使用一些积极的短语，比如"注重细节""A 型人格""充满激情"，等等。当我们过于重视别人对我们的看法时，我们会用"富有团队精神""懂礼貌""好相处"等短语来标榜自己，从而让自己避开风险，选择依赖他人、躲闪回避的行为。

在那次签订合同的会议上，布莱恩思考了他所经历的一切，迈出了走向信任的第一步。他思考了自己对未来合作伙伴的了解程度、思考了对方积极的意图。然后他选择相信合作伙伴乔安娜，并把自己曾经失败的秘密告诉了她。他真诚而简要地叙述了自己第一次创业的经历，以及那段经历如何让他难以适应新的商务关系，导致他容易猜忌别人、好战强硬。这简单的一步让他的心情放松了，也让他的新伙伴更了解他了。这有助于深化他们彼此信任的伙伴关系。

放弃并不是放弃梦想，而是放弃对某些梦想的执着。当你不再执着于某些梦想，你就能顶天立地，成为最好的自己，乐于成长，乐于接受新事物，给自己带来意想不到的大好机会。

**行动：选择 种风格并保持下去**

简单地说，实际一些，不要把事情复杂化。

选择一种"线上"风格。学习它，并将知识付诸实践（参见第七章到第十章的内容）。

思考一下，你对"情境+思维=行为"有什么看法。

这样行动起来！

## 战略性撤退

有时候，在我们被触发并觉得自己可能会跌至"线下"时，我们最好的选择就是什么也不说、什么也不做。在我们这个"快解决问题、现在就行动"的世界里，这是最具挑战性的选择。如果你想要抗拒把持控制、过度努力、寻求认可或依赖他人等行为，就更困难了。战略性撤退和躲闪逃避是不一样的，因为在前一种情况下，我们是出于谦逊或爱而行动，而不是出于恐惧。我们明白：要么是我们无法控制自己的情绪，要么是对方还没有准备好倾听我们真诚地想与他分享的内容。

但是，如果我们不够小心，那么战略性撤退就很容易发出"线下"信号，因此我们需要谨慎地使用这一策略。如果你在进行小组交流或一对一互动，试着用协商性的语言来表达你的积极意图，例如，"我认为这点很重要，我们需要讨论讨论，现在是最好的时机吗？"或者，"我们为什么不休息一下，明天再来讨论这个问题呢？"这样的措辞可以防止出现"线下"的恶性循环——这种恶性循环是很难摆脱的。

或者，正如史蒂芬的一位优秀的私人助理过去常说的一样："该出去走走了！"

当然，如果我们想让自己真诚可信、取得成果，并巩固彼此之间的关系，我们就必须回到现实中。战略性撤退的危险在于，如果我们听之任之、不再过问，就会变成躲闪逃避。我们一定要有所计划，在对方情绪不那么激动的时候，试着与对方取得联系，并继续先前的谈话内容。

## 规划你的性格——将来要做什么

明天、下周或下个月——在你的日程表上已经有一大堆给你带来压力的事。比如，你需要与你的团队成员、老板开会，讨论一个未能如期推进的项目。或者，你需要和你的团队成员开一个气氛压抑的绩效会议。或者，客人来你家做客太久了，已经不受欢迎了，你却不知道该如何下逐客令。不管具体是什么情况，你所知道的是，某种情况会触发你，你的大脑会调出那些在类似情况下已经调出过多次的旧模板。可是这样发展下去，最后的情况就不妙了。

---

**⚙️ 练习：规划你的性格**

1.辨识出即将发生的触发性事件。看看你的日程表，记下未来任何可能触发你的会议、事件或人际互动。为什么你认为自己有可能会受到触发？

2.辨识出他人有可能对你采取的"线下"行为。你认为他们的内心和大脑中发生了什么，导致他们会出现"线下"行为？这些行为背后的积极意图是什么？

---

3. 辨识出你可能会触发哪些模板。这些模板是如何让你在过去的类似环境中做出反应或采取行动的？

4. 弃暗投明！你希望如何回应或行动，什么样的行为更符合你的个人价值观、更有效率？

5. 替换你的模板：在那些从积极的经历和你内心深处的金子形成的模板中，你会找到能运用在当前情境中的更有效的什么模板？

我们会花时间思考将来人际互动的内容，我们会为各种会议备好议程、幻灯片和报告，我们会花时间整理我们的假期见闻，以备在下次社交活动时讲给别人听。然而，我们往往不会去规划我们的性格——我们的心态、想法和行为——即使在我们知道自己可能会被触发的时候。这是一种帮助我们保持"线上"状态、进行良好互动——尤其是艰难的互动的好办法，它只需要五个简单的步骤。花几分钟来做一下这个练习，可以帮助你提前缓冲"线下"情境，防患于未然。

### X 因素——改变你的心态

布莱恩以及我们在这本书中提到的每一个人，都通过改变他们的心态改变了他们的行为。

成长驱动的爱能战胜自我驱动的骄傲，基于勇敢的谦逊能战胜自我限制带来的恐惧。我们把这种情况称为"X 因素"：我们经常看到，那些在"成长驱动的爱"的象限得分较高的人，往往在"自我驱动的骄傲"的象限得分较低；而那些在"基于勇敢的谦逊"的象限得分较高的人，往往在"自限性的恐惧"的象限得分低。

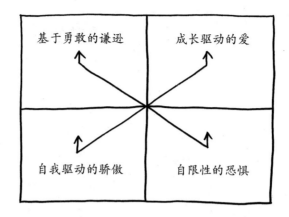

正如你现在所了解的，通过受骄傲驱动的行为证明自己的需求，会让我们沉迷于自我抬高。我们如果专注于内心中成长驱动的爱，同时追求成效，就会更加真诚地为他人服务、尊重他人，克服自我迷恋的心理。通过受恐惧驱动的行为保护自己的需求，会让我们沉迷于自我保护。矛盾之处在于，当我们启动自我保护机制、想要保住饭碗时，那么在公司进行重组的时候，我们就可能是第一个失去工作的人！我们如果能够成长，并专注于我们内心的基于勇敢的谦逊，就会感受到自己身上的各种美妙的力量，让自我接受战胜对寻求认可的痴迷。

那么这意味着什么呢？当我们在思考"我这是怎么了"的时候，了解这些对我们来说，有什么帮助呢？最简单的第一步是：当我们知道我们的行为源于受自我驱动的骄傲时，我们就应该聚焦于成长驱动的爱；当我们知道我们的行为源于自限性的恐惧时，我们就应聚焦于基于勇敢的谦逊。

正如你在前面的分析中所看到的一样，这是一种此消彼长的关系。当"线上"的力量增加时，"线下"的力量就会减少。

### 平衡"象限天平"

在一个天平中，负荷过重的一侧会向下倾斜。心灵风格的各个象限也是如此。我们发现，领导者们学习心灵风格理论时面临的最大挑战是：他们往往以为重点就是要与人为善、保守一些，忘了取得成效的重要性。他们如果这样做的话，天平就会往一边倒，失去平衡，进而失去效用。如果领导者"使他人成长"的分数过高，而"使自己成长"的分数过低，那么天平就会向一边倾斜，他的行为像是在自我保护（太被动、太友好），他的工作成效就会受到影响。同样，如果领导者"使自己成长"的分数偏高，"使他人成长"的分数偏低，那么天平也会向另一边倾斜，他的行为像是在自我抬高（太激进了，太重视"我"而不是"我们"了），那么企业文化就会受到影响。真正的均衡是让天平两侧的两个"线上"象限达到平衡。

天平

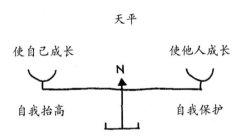

### 行为汇报：利用你得到的经验教训，在下次做得更好

你还记得最后一次被拖到"线下"是什么时候吗？在此之后你做了些什么？

我们经常会纠结于当时的各种细节，其实这些细节——通常是其他人的一些并不重要的行为，或者是我们无法控制的当时情境的方方面面——与最后的结果几乎没有多大关系。然后，我们就会根据这些细节替自己的行为做辩护。我们往往花很多时间思考、讨论为什么会发生这样的事，却无法触及事情的本质——我们只是在原地打转，就像轮子上的仓鼠，在原地不停奔跑，丝毫没有前进。

这就是"行为汇报"的基石，即对"情境＋思维＝行为"的快速分析。具体地说，就是回顾当时的情况以收集事实和你的观点，然后得出一个面向未来的结论。我们建议你用任何你喜欢的格式，把你的汇报笔记写下来，而不是仅仅在大脑中思考这些问题，这样你就可以在下次遇到类似情境时、需要规划你的性格时查阅参考。我们也建议，当你开始试着摆脱某些"线下"风格，或者强化某些"线上"风格时，不妨每周做一次这样的练习，并坚持一段时间。

改变需要时间，而且你愿意坚持下去，特别是在早期阶段。很多人都相信一个自 20 世纪 60 年代以来就一直存在的神话：摆脱一个旧习惯或养成一个新习惯需要 21 天的时间。实际上，发表在《欧洲社会心理学杂志》上的一项研究报告认为，平均而言，需要 66 天才能彻底养成一个习惯，新的神经通路才能稳定下来并覆盖旧的神经通路。为了养成新习惯需要付出的努力越多，养成这个习惯需要的时间就越长。和养成每天写日志的习惯相比，通过经常性的练习养成这些习惯，可能需要花费更长的时间。（尽管对于一些人来说，做练习比写日志更容易！）我们的大脑天生就爱走捷径，会选择那些自然而然就会发生的事情，排斥试图做出改变的努力。付出时间和坚持不懈是解决这个问题的关键。

情境：当时是什么情况？这一情境和我曾表现出同样行为的其他情境有什么相似之处？

行为：我做出了什么行为？我的行为是有效的还是无效的？

思维：在我身上发生了什么事？是什么触发了我？是什么模板在起作用？我是否执着于事情的结果或某一方面？我的心在哪里？

结论：下一次我能做出什么改变？我该如何实现它呢？——第一步该怎样做？

你在开始使用我们分享的策略来改变你的心态、思想和行为、使自己跃至"线上"时，不要操之过急。人生是复杂的，我们不断遇到新责任、新关系和新问题的挑战，这些挑战会把我们拖向"线下"。你不妨先专心解决现在最让你感到困惑或苦恼的问题，然后继续往前走。在接下来的章节中，我们将分享更多有用的策略，你可以根据你目前遇到的"关卡"选用它们。下个月或下一年，当你遇到新问题时，不妨再来重读这些章节、重新选择新的方法。请记住，这些方法包罗万象、可以用来解决各种难题，所以你只需选择并运用这些方法去解决最新的问题即可。

同时，相信过程（TTP！），并且耐心一点。人生中充满了各种让你成长的机会，这些机会创造了一段又一段美妙的旅程，让我们成为我们知道自己可以成为的人。

为了让你掌握更多技能，让你能在"线上"生活、在"线上"领导，我们把"线上"风格概括为：知道"我是谁"（真诚可信的行为和乐于改变的行为）、知道"我要去哪里"（值得信赖的行为和追求成就的行为）、与他人建立友谊（人际交往的行为和鼓励他人的行为）、与他人共同成长（助人成长的行为和同情他人的行为）——这就是下面四章的内容。

# Chapter 07 >>>

## 知道"我是谁"——真诚可信与乐于改变

做你自己吧，其他角色都已经有人了。

——奥斯卡·王尔德（还有其他一些人！）

我们内心深处呼唤真实的自我，不要被恐惧的堡垒或骄傲的牢笼困住，要自由自在地做自己。如果我们所处的环境，甚至是一段关系，不允许我们做真实的自己，那么我们可以抓住机会大胆地去改变现状。也许你认识这样的人：他们对自己很放心，知道自己是谁，知道自己看重什么，并基于此而勇敢、诚实地行动，他们对自己和他人都很诚实，而这一"弱点"通常也会让他人诚实起来、真实起来。他们寻求改变和成长，不会因为收到了诚实的反馈而受挫，因为这正是他们想要的。当你真诚可信、乐于改变时，你的人生就是这样的。

有的人在被生活中的各种繁杂琐事包围时，仍然能保持冷静清醒、泰然自若，因为他们的所作所为符合自己的价值观，他们的言谈举止发自内心，展现了自己最优秀的品格。我们尊敬这样的人。

亨利是一位产品开发经理，他正在负责开发一种机械制造业中的突破性新产品。由于亨利的团队被大大小小的项目压得喘不过气来，公司的首席执行官聘请了一位主管来监督所有的项目。新领导表面上看起来很不错，会说那些行话，似乎很适合这份工作。不幸的是，事实并非如此。

一个月又一个月过去了，亨利的项目错过了所有重要的进展。公司首席执行官从新主管那里听到的回复一直是，"那些人需要成长"。真相呢？真相是，这个人使不上劲儿，他不像他自称的那样博学，所以他觉得必须证明自己是最聪明的。他争强好胜、爱挖苦人、控制欲强，要求亨利的团队以根本行不通的方式开发产品。当亨利和他的同事根据他们的经验提出其他建议时，他会一概推翻。

那么亨利做了什么呢？他什么都没做。亨利深陷于恐惧之中，他害怕惹是生非，所以尽管他知道自己是正确的，他还是选择听从那些并不专业的人的意见。为了给自己找到安全感，亨利依赖于上司给出的意见，上司让他做什么，他就做什么，所以他选择了保持沉默。

你也许猜到了亨利的测评结果：高度寻求认同、依赖他人、躲闪回避。当我们让亨利直面驱动他的行为背后的原因——恐惧——的时候，亨利取得了突破。在与我们谈话时，他解释说，他与家人、朋友也是这样相处的。他不断地回避婚姻中的挑战，避免与家庭成员发生冲突，而不是直接处理矛盾。焦虑、抑郁和失眠是他的生活常态——对他来说这些都很常见。然而，这并不是他想要的生活。"我在创造一种充满谎言的生活。"在一次谈话中，他突然说道。"我其实是在欺骗自己、欺骗别人。我不想再这样继续下去了。"（我们今天仍然在使用这类语句！）

对于亨利来说，这是艰难的一天。在这一天，他终于走进了上司的办公室，小心翼翼地准备"迎战"。不幸的是，事情进展得并不顺利。亨利又试了两次，想要开诚布公地和对方谈谈，还是没有成功。亨利的上司不愿意听亨利的烦恼和顾虑，在亨利和他说话时，他冷冰冰的、心不在焉，甚至在回复别人的消息。

亨利第三次离开上司的办公室时，既伤心又沮丧，他知道他还需要努力改变现状，因为这是他的职责所在。他意识到，如果他不这样做，他就对不起自己、对不起他的团队、对不起这个项目、对不起公司的投资。

在深思熟虑了两天后，他终于鼓足了勇气，准备做一个真诚的人。因为他知道，他必须力挽狂澜、改变现状，于是他安排了一次与首席执行官的会面。第二天，亨利有点儿忐忑不安地走进首席执行官的办公室说："我能跟你说实话吗？我需要解释一下到底是怎么一回事。"——这是艰难的一刻，但也可能是他人生中最重要的一天。从那一天起，他开始弃暗投明、远离恐惧，迈向真诚可信、乐于改变。这并不是一段轻松的旅程，但现在的亨利，是坦率、诚实的人，无论是对自己还是对别人。他能在艰难的时刻守住自己的人格，一直在寻求成长进步、深入了解自己的机会。作为一个人、一个伙伴、一个家长、一个领导，他不再那么焦虑了，更自信了。一个曾经生活在恐惧中的人，现在开始帮助别人找到勇气、做真实的自己。这是真的，不是谎言。

## 扼要重述：真诚可信和乐于改变

如果你从左向右看心灵风格模型，你最先看到的两种"线上"风格是真诚可信和乐于改变。这是为什么呢？因为它们能大幅提升我们的自我认知。这两种风格紧挨在一起，位于"谦逊"这一个人成长象限的"心灵＋智慧"的"心灵"部分。而值得信赖和追求成就是其中的"智慧"部分（下一章）。当我们真正做到真诚可信（真实和透明）和乐于改变（不断学习和成长）时，我们不仅做到了对外部世界诚实，也做到了对自己诚实。而且，通过克服恐惧，我们得到了勇气：承认这是我们的成长机会，而不让它影响我们对自我的认知。

以真诚可信和乐于改变的风格行事，意味着我们可以自在、公开地谈论自己的长处和短处、接受别人的反馈，并乐于找到改进的方法。测评中还包括一些关于调查对象生活质量的问题。我们发现，那些宣称自己高度关注个人发展，但同时也高度关注幸福、健康、个人效能和职业效率的人，往往非常乐于改变。真诚的人通常思维开阔、值得信任，他们都很勇敢。"诚实"是你会用来描述他们的第一个词。他们的真诚为其他人创造了一片安全的港湾，让对方愿意暴露自己的弱点、拥有更开放的心态，而这也带来了更融洽的人际关系。

在与首席执行官和其他高管交谈时，我们发现，在他们希望新员工具备的那些优秀品质中，最重要的是"真诚可信"和"乐于改变"。这并不奇怪。就连《福布斯》杂志上刊登的一篇文章也反映了这种想法。这篇文章捕捉到了一些最适合工作的公司 CEO 的想法。在他们的话语中，"成长型思维""好奇心""谦逊""人生价值""把失败视为学习机会"等词语一次又一次地出现。形成这样的想法和心态，能让我们不再恐惧。好了，打住！真正值得称赞的品格，是在面对批评、不公、失望和背叛时仍保持"线上"水平。

然而，我们都可以通过下面列出的六个方法来强化真诚可信的和乐于改变的行为。


## 将"崩溃"变成"突破"

辨识出我们容易采取的"线下"行为，是向真诚可信和乐于改变的行为转变的第一步。

在大多数社交场合，你几乎注意不到埃琳娜的存在。我们第一次见到她的时候，最让我们吃惊的是，她很快就躲到厨房里去了。她很少直视别人的眼睛，导致人们很难走进她的内心世界。

在一次公司领导及其配偶参加的静修会中，她的表现是这样的：第一天，她安静地坐了一天。第二天，一个会对大脑边缘系统和心灵产生影响的活动，让她无法再沉默下去了。她遇到了一个挑战，这一挑战驱动着她和其他人的行为，她开始失去冷静。她恐惧起来，无法继续沉默，也无法忽视她所发现的东西。她停下来，做了一件对她来说无比艰难的事——她将大伙的注意力引到了自己身上。埃琳娜显然很在意别人的想法，但她克服了这一点，站起来说："我不能这么做。"她的眼泪夺眶而出，然后她匆匆走出了会议室。那天下午和第三天，她一直没再露面，把自己关在了房间里。

埃琳娜的恐惧使她的心态和体态出现了问题，这不是真正的她。她过度肥胖，有一些严重的健康问题。她的身体问题源于她自尊心低、害怕遭到拒绝和批评，而她的体态又让这种心态变本加厉。她非常害怕别人的评价，担心别人对她的看法，因为她从来不觉得自己够好、够漂亮、够聪明。这种控制力是如此之强，她甚至会被减肥项目或专业减肥人士刺激到，因为她以为那些教练和其他人都在嘲笑她有多"失败"。

但有时我们在哪里失败，就可以从哪里取得突破。在那个房间里，在那一刻，面对更严重的问题，她别无选择，只能做真实的自己。她的行为可能并不太有效，却是诚实的，这种力量战胜了担心别人会怎么想的那种恐惧的力量。她回到我们工作室的那一天，我们注意到她和以前不一样了。当她开始解释发生在她身上的事情时，她显然鼓足了勇气。在一次私下的谈话中，我们问她："如果你有改善自我的渴望，做出改变的勇气比恐惧的力量更强大，会怎么样？"

埃琳娜已经向自己证明，她有勇气打破恐惧的堡垒——被人评头论足。她迈出了第一步，这使她能迈出下一步。她一整天都在问："我心中的黄金是什么？""我如何做到真诚、勇敢？""我如何去爱别人？""我如何得到别人的爱？"

在接下来的几个月和几年里，埃琳娜努力让自己变得更真诚可信、乐于改变、远离逃避、依赖和寻求认可。她充满耐心、坚持不懈地努力找出她心灵的空洞和伤口，并试着治愈它们。她曾经对我们说："我的体内有一个女人，她有自己的声音。我一直害怕告诉别人她的存在，但我马上就要去找她了。"

埃琳娜参加了一个咨询项目，以解决她的主要问题。她用食物作为安慰，来克服她的失败感。她请了私人教练，还加入了一个群，接受他们的鼓励，同时也鼓励他们，和他们一起勇敢地坦承自己的缺点。她不再羞怯内向，开始与全世界分享她内在的那个美丽的女人，不再害怕被人评头论足。她又开始享受美食了，一天又一天，一个月又一个月，她越来越健康了。在随后的两年里，埃琳娜瘦了100磅。更让人吃惊的是，这个几乎不会社交的人，成了一个真正的、引人注目的演讲者，她站在舞台上面对着数百人毫无惧色。在第一次女性聚会活动中，我们很荣幸地看到，人们站起来为她长时间地鼓掌。

虽然伴随埃琳娜一生的自我价值问题还没有完全消失，但现在她可以带着对自己的同情谈论这些问题，这使她的心灵和思想都能保持"线上"状态。最近，她发了一张自己的老照片并附言："我在与自我形象较劲，发这张照片是为了提醒自己，我已经走了多远，而且我有多么坚强。"

虽然这个世界让我们学会了掩盖自己的弱点，但我们每个人都和埃琳娜一样坚强，都有能力改善我们的性格。承认我们一直害怕面对的事情，摘掉我们脸上的面具，露出面具背后真实的自己，这一刻可能很艰难。正如我们在第一章中写的那样，恐惧导致骄傲、否定。那些诚实的突破时刻，让我们从自己"线下"的自我否定中解脱出来。

像埃琳娜一样，我们每个人都会经历一个突破时刻，不管这个过程有多痛苦，我们都应该以耐心和毅力来改变自我；像埃琳娜一样，我们可以和那些扶持我们度过这段旅程的人待在一起；和埃琳娜一样，我们很可能会发现，这段旅程让我们经历了各种各样的转变，包括个人生活上的、职业上的、身体上的、情感上的和精神上的转变。

你一生中所能做的最勇敢、最谦逊的事，就是对自己诚实，然后努力把自己变成你想成为、你能成为的人。很多人并没有这样的经历。知道你自己是谁，并接受你自己、认为你自己这个"多面体"很棒，让这样一番"苦战"变得值得。

## 弃暗投明、摆脱不安全感

从我们的研究来看，真诚可信和乐于改变的对立面是那些基于恐惧的行为，即容易动怒和躲闪回避。正如你所了解到的一样，我们越没有安全感、越害怕——觉得自己不够好、把纠正或建设性的反馈当成排斥、逃避个人成长的机会，我们就越容易求助于"线下"的应变策略。当我们可以接受自己是谁、对自己有信心，而不是消耗我们的精神力量和情感能量去试图保护自我或抬高自我、让自己感到愉悦时，我们就能摆脱焦虑。这种焦虑源于害怕遭人评判或渴望别人的赞同，以获得一种价值感。

通过真诚可信和乐于改变的行为实现个人成长，也有助于消减冷嘲热讽和争强好胜的行为。当我们讽刺挖苦别人时，我们会说服自己，这是带着幽默的真诚。事实上，我们经常会避免说出我们真实的想法或感觉，这是一种攻击性的逃避，而不是真正的诚恳。如果你爱讽刺人，也许你听了这话会觉得不舒服。有时我们把讽刺（sarcastic）称为"starcastic"，因为它可能是另一种形式的争强好胜和寻求认同——"来看看我的本事！"现在你该真正地审视一下自己了：你出言嘲讽是出于坦诚，还是为了卖弄聪明？哎哟！别忘了，我们都是"多面体"。

当我们争强好胜时，我们也许会这样说服自己：我们正在努力改进或成长。但实际上我们关注的重心是让自己比别人好，而不是让自己更好。我们专注于表面的或外在的进步，如得到奖杯、升职或赚钱，而不是个人成长——尤其是性格的成长，而它才能给我们带来更大的满足感、信心和价值感。这其实是基于有形的外部衡量标准，向他人和我们自己展示我们多么擅长这些、多么优秀。最极端的情况是，人们为了能赢而作弊，比如为了赢得一场职业比赛。就连那些登山者中也不乏这样的人，我们很遗憾地说，有登山者报告，珠穆朗玛峰高海拔营地中的氧气瓶被人偷走了。这是一种极端的争强好胜。

## 找出你的强项

顺着反映每个人思维和心态的"面包屑路径"，能让我们获得突破时刻，让我们开始了解我们是谁或者改变我们前进的道路。现在，你花几分钟考虑以下 5 个问题。在这些问题的引导下思考你身在何处、你为什么是真诚可信、乐于改变的，以及在其他一些情况下是什么在阻止你做出这样的行为。别忘了，情境 + 思维 = 行为。

看着镜子，问自己：

·你在什么情境下发现了内心的勇气、谦逊和黄金，让你能真诚地对待自己和他人？这些情境的共同点是什么？

·在你的人生之旅中，你什么时候是乐于改变的？是什么力量在驱使你追求个人成长？

· 在什么样的情况下，你愿意做个诚实的人、更多展现真实的自我，去诚实地面对某种情境、某段关系，或者你人生中的某个问题？

· 你一直在努力实现的个人转变或成长是什么？其中哪方面最具有挑战性？

· 回顾你之前付出的努力，审视一下你的诱因、模板、真理、空洞、伤口和内在誓言，你认为是什么阻止你在某些情境下变得更真诚可信、乐于改变？


## 坚持自己的价值观

杰夫坐在会议室后面的角落里，参加一个在线领导能力培训会议。他身体往后靠，双臂交叉，脸上带着一丝怒容，看着我们介绍自己和即将开始的项目。到了大家做自我介绍的环节，他毫不犹豫地说："很抱歉，我不知道我们为什么在这里。我们的生意在走下坡路，现在我们每个人的收件箱中都有100封电子邮件，而我们却把时间和金钱都花在公司文化上？花在爱和谦逊上？你们一定是在开玩笑！"他已经忍无可忍了——作为公司的首席执行官，他竟然会同意这种浪费时间和资源的行为。

杰夫自己冷嘲热讽、把持控制的行为，导致以恐惧和骄傲为特征的公司文化愈演愈烈。他很聪明，也很擅长本行，但他有一个不好的习惯，就是喜欢用尖锐的话语去讽刺别人、嘲讽别人提出的点子，把别人喷得体无完肤。大家都很害怕他。他对解决企业问题的热情，是他无法解决个人问题的一个很好的掩饰。

当他看到测评基准分和他的自我评分、他人评分之间的差距，以及他的团队的综合结果时，转折点到来了。在我们讨论讽刺的效果和真诚的价值时，我们使用了"诚实"这个词，说出真相、发自内心——诚实是真诚可信的行为的本质要素。这个词引起了杰夫的共鸣，他相信诚实的重要性。他表态，这是他想要在他的人生中坚持的一种个人价值。当他意识到他的讽刺行为和真正的诚实差距非常大时，他开始感到坐立不安。他能够看到，他对待同事的行为如何源于恐惧和骄傲，他的同事对此做出的反应又如何源于恐惧和骄傲，以及这种情况在如何自上而下地影响公司文化。

对于杰夫来说，转变需要一些时间。值得赞扬的是，他鼓起了极大的勇气，进步很快。杰夫要求他的团队和同事在他挖苦别人或在说咄咄逼人、针锋相对的话时，帮他指出来。他让其他人主持会议，这样他就无法操控一切。他的目的主要是让周围的人感到安全，正因为如此，他成了高效的领导者，成为大伙的榜样。只有在杰夫迈出第一步后，其他人才能迈出第二步。随着时间的推移，大家对他越来越信任了。在随后的几个月和几年里，他成为我们合作过的最真实可信、最乐于改变的领导者。他自己如此，他的团队和整个公司都是如此。

当我们通过践行我们的价值观来定义我们自己时，我们的自我价值就会从我们的行为和结果中独立出来，这会让我们变得更真诚。因为这样做的话，我们就不会一心只想着如何保护自己免受批评或者证明自己了。当杰夫开始转变心态，不再执着于自己一定是对的，不再一心希望自己是别人眼中最聪明的人的时候，他真实的自我——他的崇高价值观、对公平的信念，以及帮助他取得最佳表现的承诺——开始闪耀光芒。他工作时更快乐了，与同事和团队成员的关系也更加融洽。

那么，我们如何才能把注意力集中在践行我们的价值观上呢？

好吧，我并无意挖苦谁。但你如果知道了我们真正想要践行的是什么样的价值观，真的能为你带来很大的帮助。杰夫做到了，这种自我认识能带来突破时刻，是一种更高层次的自我认知。有很多不错的在线工具可以帮助你从多种不同的价值观中进行筛选，找出对你来说最有意义的价值观。一旦我们知道了自己最看重的价值观，我们就需要找到一个在日常生活中将它们置于首位的方法。

### 发现价值观的过程

我们经常向那些努力将自己的价值观放在首位的人推荐一个易于记住的小诀窍，那就是创造一个缩略词——用一个词来概括你是谁或者你看重的价值观是什么。你甚至可以用自己的名字作为缩略词。现在，选择一些能体现你的价值观的词或短语，再把这个词变成一个缩略词。例如，史蒂芬的价值观缩略词是根据我们的姓氏创建的。

K：kindness（和蔼）

L：love（爱）

E：economy of enough（知足）

M：ministry in service of others（服务他人）

I：integrity（诚实正直）

C：courageous in character（勇敢的性格）

H：humble heart（谦逊的心）

当你感觉自己受到了某种程度的触发，导致你自己可能不够真诚时，试着对自己说出这个词，选择你认为自己在这种情况下所需要的字母及其所代表的价值观，让你自己一直保持"线上"的状态。

### 计划践行你的价值观

我们的价值观有助于定义我们是什么样的人，所以清晰地理解它们，有助于我们更好地了解自己。和磨炼性格一样，我们可以想出一些办法来践行我们的价值观和信仰，帮助我们在艰难情况下保持真诚可信，或者帮助我们变得真诚可信。你可以选择一些与你的价值观相关的行为，通过每天践行这些行为，加强你对这种价值观的依赖。你也可以检查哪些价值观是你难以坚持的，哪些价值观是你在特定情况下被触发后容易半途而废的。基于这样的评估结果，你可以依赖 1—2 种行为，帮助你在这些时刻保持这些行为。

我们的一个客户是一位非常硬核的运营总监，一位长时间处于"线上"的领导者，一天比一天真诚可信。他真正的麻烦在家里。吉姆告诉我们，他不是一个好父亲、好丈夫，尽管他知道自己可以成为好父亲、好丈夫。晚上他总是忙于工作。每天晚上，从走进家门的那一刻起，吉姆就开始忙着回复各种电子邮件和短信了，这是他自己过度努力、爱控制他人造成的。他注意到，只要他一接电话，他的孩子们就开始调皮捣蛋，一心想引起他的注意。他知道嗡嗡直响的手机会毁了他和家人在一起的夜晚，制造紧张气氛。我们帮他制订了一个计划，让他的行为能体现出他内心对家人的重视。

每天晚上，当吉姆快到家时，他会把车停在路边，处理那些真正紧急的消息。随后他会把手机调到飞行模式，这样他就不会听到那些嗡嗡嗡的来电提醒声。到家之后，他会完全专注于他的家人。在给家人充分的关注后，如果他需要通过电子设备同他人交流工作上的事情，他会告诉家人他要做什么，然后暂时离开他们，去另一个房间处理事情。这样，当吉姆和家人在一起的时候，他就能全情投入。他如果知道那天晚上他有急事，也会提前告诉家人："我爸爸今晚会打电话来，我得接。"

使用了这些方法后，吉姆发现自己在家的状态好多了。吉姆还发现，晚上要和他的团队划清界限，让他们知道他晚上只处理紧急的事情。至于其他事情，他交给他们做决定，并让大家注意工作与生活的平衡。压力降低了，自主感增强了，满意度上升了。

## 成为说真话的人，找到说真话的人

不久前，我们和两个非常要好的朋友一起去旅行，他们是一对夫妇。我们计划爬上意大利阿尔卑斯山的一面岩壁。汤姆一直对此非常期待，期待着这个挑战。事实上，这个点子就是他提出来的。

我们选了史蒂芬以前爬过的一个地方，吃晚饭时把这个地方告诉了汤姆，随后汤姆就开始做功课。他在网上找到了别人的照片和视频，还有别人写的游记。

然而，在爬山的前一天，他却对史蒂芬说："对不起，我不想去了。一想到爬山，我就犯晕。你知道，我恐高，也一直在努力挑战自己，但我觉得这次攀登是我无法承受的。"

听上去他好像被恐惧限制了人生。但事实上，他的情况恰恰相反。几年前，汤姆的两大"线下"表现是争强好胜、寻求认同。一旦我们陷入寻求认同的行为无法自拔，我们就很难做到真诚待人。这种行为再加上受自我驱动的争强好胜的行为（这种竞争行为会让人觉得，互相攀比、胜过别人比自身成长更加重要），让汤姆的真实自我——他的价值观、他深邃的智慧，他内心的黄金——几乎没有机会被人看到。这正是汤姆在我们相识的前十年中，始终不愿和我们一起参加户外活动的原因。他认为自己比不过别人，为什么还要冒丢脸（他认为的）的风险呢？

如果这些行为仍然控制着汤姆，他会如何处理这种情况呢？等到登山那天，他可能会假装自己生病了。他也可能会试图爬上去，却被迫往下撤。这会让他倍感羞辱，也可能会毁了我们的友谊。他的妻子莉兹仍然想去爬山，这给了他一个成长的机会。如果这段时间他没有努力强化真诚可信和乐于改变的思维和行为，那么，只要他一想到她能登上那座山峰，而他却做不到，就可能会毁了他们的整个旅程。

汤姆很清楚自己的情况，并且也能接受自己的这一弱点。与此同时，他也盼望大家都能享受这段美好的旅程。因此，汤姆如实说出他的恐惧，以某种方式表达出了鞭策自我的愿望。我们决定，莉兹和玛拉攀登前山的岩壁，而史蒂芬和汤姆从非常陡峭的后山爬上去，在山顶会合。汤姆如果看到卡罗——一个会交际的意大利导游——成天和他的妻子黏在一起，就可能会质疑这个决定，或感觉到"线下"的那股强劲力量在拖拽他。然而，汤姆并没有这样做。汤姆真诚地给莉兹打气，并为她即将迎接新的挑战而感到高兴。在我们离开停车场之前，姑娘们就已经和卡罗一起拍了第四张照片！我们在山顶上举行庆祝会，对所有人来说，那是真正的庆祝会。因为事实证明，从后山爬上来和从前山攀岩一样困难！在漫长的下山途中，大家互相帮助。我们能有一个结伴旅行的好故事，而不是一段所有人都闭口不谈的糟糕经历，这多亏了汤姆的真诚。

成为一个说真话的人是有挑战性的，需要明确的自我认知和巨大的勇气。我们需要注意可能会促使我们隐藏自己的真实情感，避免分享自己的观点，或者通过否定自己的成长机会来掩盖我们对失败的恐惧的情境。因此，在这条路上，我们需要得到别人的支持。

### 让别人对你说真话

当我们指引别人时，我们喜欢观察他们的"自然状态"。安德鲁的一些习惯，让人觉得他过于紧张，甚至咄咄逼人。这些沟通习惯是安德鲁取得成绩的内在动力所带来的持续影响，但他们给人的印象是"线下"的状态。在会议上，当他看好一项创新或担忧公司的收益时，他的身体会向前倾，他的表情会变得有点儿严肃。他可能会用"必须"和"绝对"这样的词，而且他会用手做出向下劈的动作和用手指戳戳点点的手势。即使当他觉得自己的表现处于"线上"时，这些行为有时也会让别人觉得他在"线下"。安德鲁面临的挑战是，这些习惯性动作往往是无意识的，他需要一个愿意对他说真话的人。

我们的建议是，他可以让助理帮他。他若在开会时出现了这些行为，可以让助理悄悄地暗示他：助理可以通过触碰自己的耳环，刻意吸引他的目光。谁也不会注意到这些小动作，但安德鲁却能够因此心中有数了：该放松放松自己的姿势和表情，该把手放在桌子上，该往后靠靠，该调整一下自己的语调了。慢慢地，这些动作会成为他的新习惯，那么人们对他提出的设想、给出反馈时的反应也会随之改变。如果没有一个愿意说真话的人在现场帮助他，给他及时的反馈，他改变起来就会更加困难，并需要更长的时间。

在前一节提到的杰夫的故事中，你可能已经注意到，他能成为现在这样的领导者，有一句话很关键：杰夫要求他的资深同事在他挖苦别人或说出咄咄逼人的话时，给他指出来。自我认知不可能完全通过内在努力实现，因为大脑太擅长让"我的真理"凌驾于真正的真理之上。否则，那些运动员就不需要教练了！我们需要通过外界的反馈来了解我们什么时候展现了最好的自己，什么时候没有做到。只有对我们的行为有了更全面的认知，我们才能有效地改变自我。

试着找一个说真话的人，允许他们说出客观的观点，而不是仅仅附和你的观点，或避免难以让人接受的事实。你需要的是一个真诚可信、富有同情心的人，他能以符合你当前需要的方式说出他的想法。当然，这是双向的。如果你想要一个真诚的人帮助你，你也得准备好做一个诚实的倾听者。你必须让基于勇敢的谦逊主导你的心态和思想。如果你难以妥善地处理反馈，如果你的应变策略被争强好胜或容易动怒主宰，你可能就需要采取一些行动，让自己准备好接受对方的意见。别忘了萨拉的改变过程，管理好你对建设性反馈的内在和外在反应（参考你的个人发展指南）。

最后一点建议，你可以在最不显眼的地方找到另一个说真话的人。一个很好的例子，就是一些高层领导会跳出高管层，花时间和精力听取公司一线员工的意见和观点，因为这些一线员工做的工作是服务客户、制造或设计产品、应对客户的挑战。沃伦·巴菲特曾在网络上发布过他所认识的最聪明的人的特征（顺便说一句，这些特征都与传统的高智商毫无关联）。他提出的最后一点是："试着去理解每一个观点。"这很难做到，除非你能跳出你的内部圈子，广泛征集别人的意见。这不仅适用于领导者和企业，也同样适用于我们每个人的日常生活。

### 如何从说真话的人那里得到有效反馈

以下是一个收集有效反馈的简单方法。首先，请那个说真话的人观察你在特定情境下的表现，或者关注你某一特定的行为。然后，你问他以下四个问题：

1. 我在哪些方面做得不错？——赞扬

2. 在哪些方面我能做得更好？——转移话题

3. 我是否错过了某些练习"线上"行为的好机会？

4. 你可以帮我改进吗？你有什么建议？

## 真诚可信——即时工具

我们的一个朋友是一家著名航空公司的机长。他是该公司最优秀的飞行员，负责驾驶从悉尼出发的 A380 国际航班。在一次飞越太平洋的飞行中，他和他的副驾驶注意到一个小小的技术问题，就是那臭名昭著的闪烁的红灯。他们重新审查了程序，并与空中交通管理员交换了意见，最后做出了一个艰难的决定。他们还得飞 8 个多小时，但他们飞了还不到 4 个小时，所以为了安全，他们选择让飞机返回。

想象一下，如果你是那班飞机上的一名乘客，你会有什么感觉？第一，恐慌。一架飞越太平洋的飞机在飞了将近 4 个小时后返航了，这可不是一件小事。第二，一些人会感到沮丧、烦恼，甚至生气。机长通过内部通话装置宣布了这一决定，并以平静的声音解释了其中的原因。随后他从机组人员那里听到，人们感到沮丧，有的人表现得咄咄逼人。于是，他暂时把飞机交给经验丰富的副驾驶，然后离开驾驶舱，走到飞机的过道中。他尽可能清楚地回答乘客提出的问题，耐心地一遍又一遍地解释他的决定。他冷静地呼吁乘客不要把怨气发泄在机组人员身上，因为这个决定与他们无关，他们的目标是让剩下的旅程尽可能舒适一些。这样的真诚——从"驾驶舱"中走出来、从我们戴着的面具后面走出来——需要极大的勇气。

### 公开秘密并不像你想的那么可怕

人类行为中反复出现的一个主题是：想要改变的人，不会试图隐藏他们对成长的需求或渴望。承认自身需要成长，永远不会像你想象的那么痛苦，尤其是，我们几乎可以向你保证，最了解你的人已经看到了你的弱点。我们甚至会把这种成长需要比作晒我们的脏衣服！为什么我们说它"脏"？当你有意向你身边的人坦诚，向他们暴露出你的弱点，并允许他们指点你时，你清理"线下"习惯和养成好习惯的决心就会变得更强。

受布琳·布朗关于脆弱的力量的睿智研究的启发，一组心理学家决定研究一个有趣的不协调现象。布朗在《脆弱的力量》一书中对此进行了精彩的描述："我们喜欢看到别人身上未加掩饰的真实和坦率开放的态度，但我们却害怕让别人看到我们身上的这些特征。"如果我们都盼望别人诚实一点，为什么还要害怕别人对我们评头论足呢？研究人员要求数百名受试者对其他人故意暴露自己缺点的情境做出反应，并想象他们自己也在这样做的情境。研究表明，在绝大多数情况下，受试者对自身脆弱性的感知不如对他人脆弱性的感知那么积极。研究人员称这种现象为"美丽的混乱效应"，并得出结论，"即使暴露自身的脆弱性有时会让人觉得自己太没本事了，但我们的发现表明，在别人看来，这些行为更像是勇气可嘉的表现"。当别人看到这种勇气时，他们会更加信任我们，更有可能原谅我们，和我们在一起会感觉更安全。

公开秘密并不是非要走到台上、向济济一堂的陌生人公开宣布。它可以是与你的家人、你的密友、你的团队成员或亲密同事分享一次成长的机会。考虑一下你想要说些什么，检查一下你的思想和心态是否基于谦逊带来的真诚可信、乐于改变，然后表现得诚实、坦率一点。你将取得的收获可能会让你大吃一惊。

**发现令你恐惧或执着的事物**

当你发现自己退缩或躲在面具、谎言后面时,你不妨问问自己以下三个问题:

1. 如果我表现得诚实、脆弱或坦率一些,那么我会担心发生什么事?或者,我试图通过遮遮掩掩来达到什么目的(我执着于什么)?

2. 如果我不分享我的真实想法或感受,我就会有什么样的感觉?

3. 如果我不会感到害怕或不适,那么我现在最想说的是什么?

**用言语鼓励别人更真诚一些**

给自己一个礼物:一些可以依赖的"备用"话语,促成你做出真实的反应。当你感觉自己被拖到"线下"的时候,如果你有一些现成的词句可以使用,你就会感到更自信,也不会感觉那么尴尬。虽然在这方面并不存在严格的规则,而且我们并非建议你做一个"真诚可信的机器人",但我们确实想分享一些我们经常给初学者推荐的语句:

· 我没有那样想过。

· 这是一个有用的观点。

· 我不知道你是这么看的(或这么想的)。

· 我欣赏你的坦率。

· 我认为这个想法是有价值的。

你可以以其中的任何一条为蓝本,把它略加修改,转化成你真心想对对方说的善意话语，然后插入一些下面的短句，来表达不同意见。

- 我的看法不太一样……
- 我能跟你说实话吗？
- 我的观点和你不同……
- 我想说说我对这个情况的看法……
- 我的想法 / 思路不是这样的……

你可以在说话时留下一定的余地，避免不同的观点引发一系列的"线下"反应和逆反应。你只需要承认双方存在分歧，但这不会给彼此留下不好的印象。

- 我们意见不一致也没关系。
- 我们可能会有不同的看法，这没关系。
- 我们的意见都很有价值。

如果双方越说越僵，别忘了我们在前一章中分享的最重要的策略：停止—呼吸—思考—行动。要注意，不同的感觉、意见或观点并不意味着谁对谁错，它们只是不同而已。不一定非要争个对错，保持真诚即可。你敞开心扉，接受他人的观点，去看看此刻可能会发生什么，你的发现可能会让你大吃一惊。

你如何转变你的心灵、你的思想、你的行为，从而改变你的人生？你要看到，这个世界上充满了各种让你做真实的自己、继续成长为最好的自己的机会。我们分享的每一种策略，都有帮助你转变思维和心态的潜力，但你必须努力去实践！从表面上看，许多策略似乎很简单，如果你只学到了皮毛，它们的确很简单。但是，如果你使用它们的目的是让自己保持"线上"水准，努力成为一个真诚可信并乐于改变的人，那练习它们就不会很容易。但这样做的好处是，你的生活将发生改变。你会发现做真实的自己的力量，并将继续完善自我，成为你想成为的人。这个了不起的人，很清楚自己的方向和目标，并将走出去改变这个世界。

# Chapter 08 >>>

# 知道"我要去哪里"——值得信赖与追求成就

如果没有持续的成长和进步,"改善""成就""成功"这样的词就没有意义了。

——本杰明·富兰克林

值得信赖、追求成就的行为，能帮助我们找到正确的人生方向。这是个人成长象限的"心灵＋智慧"中的智慧部分，聚焦于完成任务。值得信赖、追求成就的行为共同形成并帮助人们保持人生的方向——使人受到明确目标的驱动，引导人们的人生航向。它不是静态的，而是我们花费时间和精力为之奋斗的未来地图上的一个点。它会变，就像我们的人生会变一样。

成就卓越的人通常会设定一个内在的目标，在这个点出现变动的时候，让这个目标引导自己调整人生的航向，使自己在困难时期不改初心。这有助于他们发挥自己的能力，为他人的生活带来改变。

亚历克斯和他的家人去澳大利亚，是为了避开国内的暴力，给他的孩子们提供更安全的生活。在他的祖国，他曾是一家物业管理公司的高级主管。当我们第一次停下脚步和他对话时，我们并不了解这些。因为他几乎不会说英语，而且他当时正忙着打扫我们刚搬进去的公寓大楼的公共区域。

我们立刻注意到：亚历克斯积极友好，打扫每个地方都充满热情、小心翼翼。不管是在大楼里擦电梯的玻璃，还是拖地，他打扫起来都像在打扫自己的家一样。一个坚定的目标在引导着他：在另外一个国家努力工作，为他的家庭提供美好的生活，不管这需要付出什么代价。他的决心非同一般。

尽管做了三份清洁工作，几乎没有空闲时间，亚历克斯还是坚持去夜校学习英语，他进步很快。当他提到他对数字很敏感时，我们建议他考虑一下学会计。他很快就找到了会计课程，收集了推荐信，并被学校录取了。我们一直在鼓励亚历克斯，但他也鼓舞了我们。

在继续长时间工作的同时，亚历克斯以创纪录的时间学完了会计课程。一次又一次，当他感到疲倦时，他就用内在的目标来激励自己。

在我们认识他一年后，亚历克斯在一家物业管理公司找到了一份会计工作，这家公司曾雇佣他当清洁工。两年后，他成为高级会计师。目标导向多么重要！


## 扼要重述：值得信赖和追求成就

亚历克斯的故事令人鼓舞。你是否也有这样通过努力奋斗取得卓越成绩、最后达到目标的光荣事迹？当我们知道我们要去哪里、目标是什么、需要做什么才能稳定地不断朝着目标前进时，我们就会找到一种别样的自信。因此，在心灵风格测试中，"值得信赖"和"追求成就"紧挨在一起。它和取得成就、获得成果的良性竞争相关，也和我们的人生愿景和人生方向相关。

看了你自己的得分后，你就会知道，追求成就的重心在于卓越而非完美地完成任务的愿景、目标。它和我们人生的航向有关，也和积极主动地完成任务有关。从十几万人的测评结果来看，追求成就是人们渴望的行为，但他们给自己打的分数却相当低。它还是与个人效能——实现大大小小的目标的能力——关系最密切的行为。

值得信赖的行为使我们能通过诚实可靠和信守承诺的行为来表达对他人的尊重。值得信赖的人会始终如一地履行自己的承诺，因为他们理解自律和坚持的价值。这一法则告诉我们：在必要时学会说"不"，有效利用自己的时间，尊重他人的时间，分清事情的轻重缓急。

追求成就的行为使我们能够朝着我们心仪的目标前进，看到问题后想办法解决，并且愿意接受新的挑战和适度的风险。像亚历克斯一样，我们想让最好的自己投身于比自身利益更重要的事情。我们的心中有一个目标，我们要努力去实现它。

我们可以通过以下几步来强化我们值得信赖、追求成就的想法和行为。


## 无论大事小事，都要找到方向感

我们已经看到，我们可能会经历以下人生阶段：

1. 在这个人生阶段，我知道我要去哪里：我知道我的梦想、目标、愿望是什么；我知道怎样才能做出积极的改变；我在实现我的梦想，或者至少知道它是什么，并能看到通向梦想的道路。

2. 我正在经历一个转变阶段：我以前知道我要去哪里（也许从某些方面来说，现在仍然如此），但有的事情已经变了，我在试图重新建立那种方向感。

3. 我不知道我要去哪里，但我想知道：我感到有点儿失落或停滞不前，我应该做什么；面前的选择太多了，我该如何取舍。

我们大多数人都经历过第二个和第三个阶段，而且可能不止一次。好消息是：无论什么样的转变都不会让你偏离轨道太远、让你找不到通向新目的地的路，迷失感不可能永远存在下去。如果你正在努力寻找方向，请记住，我们通常只需做出几个决定，就会对自己正在走的路和我们给世界带来的改变产生信心。

**转变阶段——没什么好担心的！**

人生中有不同的阶段，我们发现，每当我们要经历新的人生阶段的时候，我们就会遇到一个"混沌空间"——这个空间充满焦虑，因为我们看不到答案。但我们如果能把新的人生阶段看作一桩好事，就能改变一切。我们想说，混沌空间预示着新空间的到来，所以试着去拥抱这片混沌空间，设法在这片混沌空间中保持平静而非焦虑，你将拥有更多的情感和身体能量推动你继续前行。我们把一个混乱的阶段看作一个向新阶段的过渡期，可以为自己减轻不少压力，先放松一下，不着急想"答案"。要知道，即使你现在还不知道答案，也没关系。考虑到人生有不同的阶段，也有助于我们认识到，这个过渡阶段总有结束的一天。作为这个过渡阶段的一部分，目前有什么事让你心怀感激？学会适应这个让你感到不舒服的人生阶段。就我们自己的人生（我们在慢慢变老！）而言，我们发现，当我们从一个人生阶段进入另一个人生阶段时，其实，我们什么也没有失去：只是事物被重塑了，帮助我们为下一段旅程做好了准备。

**筑梦清单**

把这些问题列入我们的"筑梦清单"：

1. 阻碍你走自己最想走的路的最大障碍是什么？你在纠结什么？

2. 如果你的路真被堵死了，那么你在克服这个障碍的同时，还能坚持不懈地做哪些事呢？如果这个障碍和金钱有关，你能做什么来赚钱，或者你能牺牲什么来存钱呢？

3. 在这段旅途中，你想寻求什么样的知识、技能和智慧？

4. 在这段旅途中，你相信什么、相信谁，才能得到支持与内心的平静?

5.你坚定地沿着这条路前行需要冒多大的风险?


## 弃暗投明:从把持控制、过度努力到追求成就

日常生活让人沮丧的一大原因是:那些看起来毫无必要、低效的或愚蠢的规则或体系。你要填的 3 张表格中有不少内容是重复的;为了找一个答案,你从一个部门跑到另一个部门,前前后后跑了 4 次。有时我们会觉得,那些规则和体系在针对我们个人。我们斥责它们,或者试图绕过它们,因为我们认为自己懂得更多。有时的确如此,可有时我们其实是被困在了"线下"。

年轻的加布里埃尔是一家零售连锁店的经理,她在不知不觉中被卷进了这个陷阱。几个月前,她所在地区的区域经理制定了一项新制度,以提高她所在门店的销售业绩。加布里埃尔并不认可这种做法,她认为这是在妨碍她按照自己的方式去做销售工作。当区域经理要求她采用新的做法时,加布里埃尔感到被控制了、被冒犯了,这种感觉越来越强烈,所以她的反应是避开他,继续像以前一样干。"为什么他看不出来这一套行不通?!"她不停地感叹。

加布里埃尔的抗拒心理和挫败感正在渗透到她的团队中:高压的氛围影响着每一个人。她的下属,很多人还在上高中,她的消极做法让他们感到心灰意冷——员工名册一再更换,经常有员工打电话请病假。之前,加布里埃尔获得快速晋升,很快成了公司领导,她一直为自己取得的成就感到骄傲。现在,她感觉压力越来越大,认为每个人都在跟她作对。她考虑辞职,虽然她知道,这份工作曾

经给她带来了职业发展和个人成长的大好机会。

下班后，加布里埃尔和同事去喝酒，她又抱怨起上司的要求。她的同事把她拉到一边，给了她一个机会，让她从另一个角度看问题。她的同事解释说，"你所在地区的大多数门店，最近在几个关键领域都表现不佳，而区域经理希望能改变这一点。他必须挑战你的权威，加布里埃尔，新制度会在所有门店实施，并不仅仅是在你的门店。""我知道你认为你的上司是个控制狂，"她的同事接着说道，"但你有没有想过，你的所作所为滑到了'线下'？因为你的团队被你的负面情绪压得喘不过气来了。"

加布里埃尔大吃一惊，她知道她的同事说得没错。她看着同事的眼睛，感谢同事真诚的反馈。她决定透过"情境＋思维＝行为"的镜头，诚实地审视一下自己。"我到底怎么了？"她问自己。她承认，"我掉到了'线下'，是因为我想按自己的方式做事。"考虑到一些现实问题，她不得不承认，她自己推出的改善业绩的计划并没有奏效。她把事情搞砸了，虽然嘴上没说，但她心里知道，而区域经理也心知肚明。当她承认了这些问题后，她就承担起了责任，开始回到"线上"。

加布里埃尔一直都有不俗的表现，年纪轻轻做到现在的职位，就是能力的证明。她的值得信赖和追求成就的行为，给她的职业生涯奠定了基础。但是，她意识到，她的门店业绩下滑、她的上司意欲改变这种情况的努力，已经触发了在无意识地驱动她行为的旧模板。两年前，当她还不是经理的时候，她的门店经理实施了新的制度，但改革失败了，并且产生了严重的后果。加布里埃尔意识到，这件事对她产生了很大的负面影响。现在，她有机会放弃旧的模板，重新获得内心的黄金，信任她的上司，并再创辉煌。

## 以目标取代压力

我们若以为自己已经居于"线上"时，想要弃暗投明是很困难的。我们相信自己的意图，却对如何实现这些意图视而不见。"把持控制"和"值得信赖"似乎很相似，"过度努力"和"追求成就"好像也差不多，但是把持控制和过度努力的行为都会产生不必要的压力。加布里埃尔就陷入了把持控制和过度努力的困境。门店业绩能证明她的价值，她被这样的思维限制了。一旦出了什么问题——这种情况发生在任何人身上时，她的自我价值都会遭到打击，她就会受到触发。她会变得控制欲更强、更加努力，更拼命地想要证明自己可以解决问题。她的上司试着引导她走出困境，而她所看到的却是：他不重视我的意见或能力。

当过度努力和把持控制的心态占上风的时候，我们所取得的成绩（可能有很多）就变成了和我们切身相关的事情、变成了我们需要通过比较来证明的事情。而当值得信赖、追求成就的心态占上风的时候，我们关注的是我们可以和别人一起做点什么、能为别人做点什么，而不是把自己与别人区分开。我们想知道的不是"这将如何抬高我自己"，我们想知道的是"这如何使我们更接近我们的共同目标"。正如《爱》（*Love Does*）一书的作者鲍勃·戈夫所写的那样："我们如果执着于自己的目标，就不会因为彼此攀比而分心。"

在同事的指点下，加布里埃尔采用了一些方法，从把持控制、过度努力转向了追求成就的心态和行为。

*停止、呼吸、思考、行动*：通过种种微妙的迹象觉察自己的内心感受，以及营造向他人传达的氛围，是将思维和心态从过度努力转变为追求成就的第一步，这一步非常关键。加布里埃尔开始运用"停止、呼吸、思考、行动"的策略，这样当她受到触发并采取"过度努力"的应变策略时，她就能识别出身体发出的信号。她发

现了因为自己过度拼命而给自己的团队或在开会时给别人带来紧张和压力的那一个个瞬间，并有意识地练习"停止、呼吸、思考和行为"的策略。

"如果我从'追求成就'的思维方式和心态出发，那么我的反应和行为会是什么样的？"她问自己。她会有意识地放松身体，减少使用紧张的肢体语言。她试着转换语调，改变措辞，特别是避免使用"应该""必须""一定要"等一些词，避免给人以苛刻或责备之感。最重要的是，她开始有意识地将她的高能量引向积极、明确的目标，帮她自己及她所在的环境减压。

贯彻—衡量—学习（80% 的精神）：加布里埃尔现在想要接受并实施新的措施，于是她向区域经理求助。区域经理建议她采用"贯彻—衡量—学习"的方法，在刚开始时不必事事追求完美。为了让那些门店经理摆脱过度努力的行为，让他们不再觉得自己需要完美地落实、贯彻新措施，他就采用了这种方法。他知道这样做有助于他们追求成就，消除对失败的恐惧。这就是他所说的"80% 的精神"。在接受了区域经理的培训之后，加布里埃尔把她的团队成员召集在一起，说："我们将把新的措施运用到我们的日常工作中，衡量结果，并从结果中学习。以 80% 的精神来做事，我们可能会在最初几周犯一些错误，但我们会朝着正确的方向努力。我们可以成为一个高效能的团队，所以让我们行动吧，让我们乐在其中！"那天加布里埃尔带着笑容回到了家，感觉轻松多了，她的团队也是如此！那天晚上，她意识到，在以往的人生中，她有多次被困在过度努力的行为中，因为她相信做每件事都需要做到 100% 的完美，那样才能证明自己的价值。

在此之前，她永无止境地追求完美，给自己和团队带来了源源不断的压力。加布里埃尔意识到，值得信赖和追求成就的心态和行为帮助她改变了航向，让她回到了正轨。她的区域经理非常支持她、鼓励她，给了她更多成长的机会，让她承担更多的责任。她花了更多的时间来培训她的团队成员。她的压力水平下降了，工作中的人际关系改善了，她的团队更快乐、更积极、更有效率了，销售业绩也出现了增长。

### 过度努力：追求成就的邪恶孪生兄弟

在现代社会，过度努力似乎是有回报的。它是我们向世界证明我们足够优秀的方式。但这样做是有代价的，会导致难以置信的压力，令人精力耗尽，甚至抑郁沮丧。玛拉称过度努力是追求成就的邪恶的孪生兄弟。当然，它本身并不邪恶，但它完美地把自己伪装成"追求成就"，然后夺走了后者带来的喜悦和满足。当我们过度努力的时候，我们会执着于把事办得更好，借此给我们的自我价值和身份增光添彩（想想那个一丝不乱的日用织品柜，里面放着熨得整整齐齐的床单和毛巾）。这甚至会发生在我们做沙拉的时候，或者更糟的是，别人主动提出帮我们，我们却让他们做完美的沙拉！我们这样做会夺走别人的快乐，因为他们试图帮助我们，而我们却不停地告诉对方："你做得不对！这也不对，那也不对！"真的，让我们面对现实吧：因为约翰尼切西红柿的刀法和你不一样，难道就会让整个午餐成为一场灾难吗？

加布里埃尔意识到，她的模板让她出现了过度努力、力求完美的行为。当我们如此跌至"线下"的时候，我们背负的高压会影响其他人，就像加布里埃尔影响她的团队一样。一个恶性循环就这样开始了，每个人都感到自己身负重压，没有一个人喜欢这样的环境。一些团队成员开始像加布里埃尔那样试图摆脱这种环境，所以他们试图通过打电话请病假得到解脱。

过度努力是最阴险的"线下"行为，而我们接收到的混杂的文化信息，常常导致这种行为变本加厉。不少作家、心理学家和管理专家一致认为，一味贪得无厌、欲求过度可能导致的巨大压力会将我们杀死，或至少杀死我们生活中的快乐。但我们平时所看到的和听到的，却与此截然不同：做更多事，成为更厉害的人，拥有更多的成就。比如，早上5点起床，忙个不停；晒更有创意、更美的照片；买一栋更大的房子，享受完美的生活；深夜12点30分，我们在网络上发布关于获得充足睡眠的最新研究，同时关注当天的新闻；我们参加关于如何提高注意力的最新技巧的培训班；我们把电子设备设置成静音，但它仍然不断嗡嗡作响，吸引着我们的注意力；我们被告知要分清事情的轻重缓急，关注最重要的事情，不要过度承诺，但我们都常常抱怨每天没有足够的时间去完成我们认为应该完成的事情。

我们反对这种对忙碌的美化！

对于某些心灵风格——特别是"过度努力"和"追求成就"——而言，这样做能帮助你深入了解"线下"和"线上"之间的差异，使你在日常生活中更容易识别它们。当我们过度努力、一味拼命时，我们很善于为自己的行为辩护，向自己、向别人辩解，因为我们已经取得了很大的成就。那么，我们如何才能发现过度努力的行为，并转向追求成就的行为呢？

我们必须告诉你，像加布里埃尔这样的过度努力者，可能需要一个说真话的人帮助她，因为这两种行为风格很难区分，尤其是在缺乏旁观者视角的情况下。但是，你也可以警惕过度努力的常见表现，并使用本章和第六章中描述的策略，转向与之相对应的追求成就的行为。

### 找到"值得信赖""追求成就"的黄金

· 你什么时候表现出基于勇敢的谦逊、内心的黄金，让你成为一个值得信赖的人？这些情境的共同点是什么？

· 在你的生活中，你在何时何地取得了非凡的成就？是什么驱使你为了实现目标而付出更多的努力？

· 是什么诱因、模板、空洞或伤口阻止你在某些情况下更加值得信赖或追求成就？

即便一个人的行为从过度努力转向了追求成就，也不能保证这个人会同时展现出值得信赖的行为（虽然这两者经常是相辅相成的）。那些在"追求成就"一项得分高的人可能会认为，"值得信赖"并不重要。然而，事实是，在实现我们的目标、建立信心的过程中需要两者兼备。

### 不可靠的成功人士

如果你问贾斯汀，他想如何对待别人，他会骄傲地告诉你，他很友好、随和、真的很讨人喜欢。他在一些受爱驱使的行为中的确得分很高。但如果你问他身边的人，他们是否觉得受到了他的尊重，他们的回答就没有那么正面了。

当贾斯汀得到他的测评结果并看到一些反馈意见时，他惊呆了。"贾斯汀经常在关键时刻玩失踪。""等他告诉我决定，我可能要等一辈子。"人们给他的"躲闪回避"行为打了高分，对"值得信赖"一项的打分却很低。他们觉得他很吝啬自己的时间，在需要帮助时不能指望他。贾斯汀简直不敢相信，这与他的价值观完全相反。然而……他自己承认，在时间管理、分清事情的轻重缓急和与人保持沟通方面，他做得不好。他没有意识到不可靠会破坏他的人际关系，破坏他带给他人的积极影响。

从贾斯汀小时候开始，他的父母就总是忙着自己的事情。他们共处的家庭时光非常有限，他们在一起时也很少有开心的时刻。他相信一个真理：被人驱使或被人约束意味着糟糕的人际关系，缺乏生活乐趣，以及没有时间陪伴家人。在工作中，这一模板表现为抵制自律，结果导致他忽视了一些简单的策略，而这些策略可以帮助他言出必行、履行承诺。他说，他的工作要求他灵活处事，事实上，他是借此为自己辩护。

贾斯汀认为纪律是一种惩罚，他担心这会让他变得死板无趣。我们建议，也许他可以改变他的认知模式，把它简单地看作一种建立生活一致性的方式，这样他就能做到言出必行，并做到有始有终。贾斯汀的目标是：让言行保持前后一致、值得信赖。

我们大多数人的生活已经有了纪律，即使我们没有意识到它——这是一个让我们对自己负责的微系统。从周一到周五，我们大多数人几乎在同一时间被闹钟叫醒，然后起床。我们使用科技的力量设置闹钟和提醒，严格遵守我们的日程安排。然而，有时人们需要强化纪律或规矩，直到使之成为习惯。


## 对时间无情——对人仁慈

在思考"情境＋思维＝行为"时，贾斯汀意识到，他在生活的某些方面是有纪律的，他有自己的微系统在帮他，让他在关键时刻不掉链子。例如，他开会很少迟到，在约定时间准时给人打电话，因为他可以依赖他的日历。但他确实有一种不好的习惯：如果在会议结束后他没有其他事，他就会在开会时拖延时间，扰乱他人的时间安排。他试着找出触发他"线下"行为的情境，发现了一些模板和真理。当他发现自己的问题后，他在自己的生活中建立了更多的秩序，这样他就可以主动出击，而不是让自己处处被动。

日历提醒和电子邮件管理：贾斯汀意识到电子邮件是个大问题。他没有把它看作一个有用的助手，而是常常把它看作一个愤怒的工头。为了让自己更值得信赖，他每天早上、中午和晚上都会留出30—45分钟来处理电子邮件。后来，贾斯汀在做决定和进行棘手事项的沟通交流时，果然不像从前那样爱拖延了。而且，他处理电子邮件的时间实际上缩短了。他还使用他的日历提醒系统，帮他分清事情的轻重缓急。

对时间无情，对人仁慈：我们往往为了赶时间会做出一些无效的行为。在如何利用时间的问题上，无情一些（当然是以"线上"的方式无情），坚持区分轻重缓急，始终专注于自己的目标，可以帮助我们强化值得信赖、追求成功的思维和行为。但与此同时，如果我们没有做到善待他人，我们就会跌至"线下"，或者至少似乎跌到了"线下"。当我们的头脑中有一个时钟在嘀嘀嗒嗒响个不停时，我们仍然能够不急不躁、沉着冷静，这是一种美妙的人格力量。

在与别人互动时，贾斯汀会先考虑自己的意图，更关注自己的效率。你如果在那一刻没有时间或精力去帮助别人，那就老实告诉别人吧。这不仅仅是应当做的事，也是一种表达尊重的方式。你可以说，"我知道这很重要，但我现在只有5分钟的时间。我很重视这件事，所以我们另外约个时间见面怎么样？我想到时和你多聊聊。"这样你就表达了你对他人需求和时间的尊重。

随着时间的推移，这些新做法帮助贾斯汀养成了新的习惯。这些习惯改变了他的思维和心态。他越是值得信赖，就越少采取回避行为。在他做出一些努力后，人们开始认为他的行为是值得信赖的，并且尊重别人的时间。这也是他内心一直渴望看到的结果。

现在的关键问题是，看看你生活中已经有哪些微系统，再看看哪些做法能让你更值得信赖，并将两者结合起来。

没有什么比说出你生活的目标并以一种"线上"的方式——表现出最好的自己——追求它更令人满意的事了。当我们发现与他人真诚交流所带来的快乐时，这种满足感就会加深。这就是下一章要讲的内容。

# Chapter 09 >>>

## 与他人建立友谊——人际交往与鼓励他人

我相信，经商需要具有创意的思维，需要你建立深广的人脉。如果这和人类精神的产物无关，那么我们就有大麻烦了。

——安妮塔·罗迪克，商界成功人士

我们几乎可以肯定地说，现在，你一定希望你和某个人的关系能更强烈、更深入、更开放、更有爱。想要感受到与他人的情谊，是我们存在的本质。我们是为人际关系而生的，不应该做独行侠。我们天生喜欢呼朋引伴，然而在我们的"自拍"世界里，我们变得个人至上、沉默寡言、沉迷于移动设备，并且越来越喜欢以批判和评论别人来维护自我价值。当我们转移到一个聚焦于"我们大家"的世界时，我们就能感受到与人交往、建立友谊的喜悦，这种喜悦与我们内心的黄金、我们内心的爱产生了共鸣。这赋予了我们更深层次的意义。

每当奥利维亚走进一个房间时，所有人都会转过头来看着她。这位魅力非凡、精通专业的法律顾问既漂亮又时髦，简直鹤立鸡群。她也很机智、诙谐，反映了她的智商和界限感。然而，这种冷嘲热讽式的智慧，有时会让人感到害怕。当奥利维亚的同事们完成对她心灵风格的测评时，"爱"这一象限的评分并不太高。事实上，他们给她的评分还不到满分的 10%。

看到测评结果后，奥利维亚惊呆了。"简单地说，这些我重视的人并不认为我是一个容易接近、能鼓舞人、富有同情心的人。他们看到的是过分的冷嘲热讽、把持控制，可我什么都没看到。我认为我是友好的、有趣的，我能让大家开怀大笑。我们击掌庆祝，大家都玩得很开心。"

起初，她很生气。"这都是些什么人？他们怎么敢这样说我？我不是那种人！"在和丈夫通了很长时间的电话后，奥利维亚才得出结论，也许测试结果并没有错。她的丈夫是一名杰出的律师，当时他正在国外出差。90 分钟后，她承认，测试结果也许能说明一些问题，并且会给她带来成长的机会。

奥利维亚也是一个复杂的"多面体"，她有一大群朋友和亲密无间的家人，这点很棒。看到同事们的反馈，她惊讶至极。在她看来，她不是这样的人。起初，她不明白为什么同事们会这样看待她。

在她从最初的震惊中缓过来后，奥利维亚和我们聊了不少内容。是什么让她走到今天这一步的呢？也许从聊的内容中能看出不少端倪。她早就不再好好反思自我了，觉得自己已经很了解自己，并且认为她一直以来所信奉的那些"真理"对她来说好像够用了。奥利维亚是在一个由医生和律师组成的上层家庭中长大的。正如她所说，"我的家人都不会轻易分享自己的感受或暴露自己的脆弱——上帝不允许我们这么做。这不是我们的风格。我们以我们家的方式——谈论政治、世界大事、体育，以及任何可以讨论的话题——爱着彼此。我们喜欢开怀大笑、据理力争。我们在感恩节共度美好时光，与彼此的配偶相处融洽，我与表兄妹们也相处得不错。我们都很友好。我不敢相信我的团队成员竟然不是这样评价我的。"

自从奥利维亚选择了法律顾问这个职业，她的这种风格变本加厉了，因为这个职业并不鼓励从业者流露自己的情感。奥利维亚解释说，"作为一名年轻的律师，我学到的第一课就是保护自己：在辩论中、在谈判时、在与对方律师交锋时，甚至在自己的团队中，我都需要保护自己。""后来，作为一名企业律师，我得尽一切努力避免让情绪影响我的决策，尤其是涉及诉讼的时候。流露情感不是高层领导该做的事，特别是法律人士，更不该这样做。""那是留给做销售和市场的同事的。"她不无讽刺地说。由于她的成长经历和专业训练，奥利维亚认为她的主要责任是不惜一切代价，避免暴露自己脆弱的一面，避免情绪化。

奥利维亚把自己深深地封闭了起来，她这样总结自己的人生观："让我们面对现实吧，你要学会保护自己。"这是她人生的主题，但这是"我的真理"和"真理"本身的区别。在奥利维亚的内心深处，她有机会了解"多面体"的力量，并从"让我们面对现实吧，我要学会保护自己"的心态，转换成"我明白了有时展现出脆弱的一面也没什么错"的心态。

奥利维亚开始分析测评结果，她开始明白，这其实得怪她自己。她没有把与人结交或积极打造职场人际关系当成头等重要的事来做。她在工作场所唯一的人际关系是事务型的，在她看来，这意味着她很擅长法律顾问的工作。她的首要任务是保持逻辑和批判性评价，这样她才能保护公司的利益。然而，这种策略弱化了她人际交往、同情他人、鼓励他人和助人成长的行为，强化了她过度努力、把持控制和冷嘲热风的行为。因此，在"爱"的象限，同伴给她打的分接近零。他们认为，奥利维亚的专业水平很高，但他们无法与她热络起来。事实上，他们中的一些人非常害怕她，因此他们绝对不会向她寻求帮助、建议或意见。

奥利维亚决定将他们的反馈作为礼物，并据此采取行动。在她看来，她不会改变自己，但她会改变那些无法让同事看到她的内心、她的好意的行为。她知道她可以学学和别人增进交流、尝试着多鼓励别人，即使做这些事让她感到尴尬。她的第一步是改变她所形成的错误认知模式："和人们交谈、去了解他们，是在浪费我的时间。"

刚开始的几次尝试，她觉得很有挑战性。在第一周，她发现，尽管她试着多与别人沟通、多关心别人的生活，想和别人的关系融洽一些，但她对别人的回答并不是很感兴趣，她的注意力一直无法集中。她想："下次我要忘记我的日程安排，认真去听对方在说什么。从他们对我说的话中发现他们看重的东西，然后通过提问让他们说出来。"所以她把注意力更多地集中在每个人身上，她发现，自己能真正参与到人们的谈话中了。

几周过去了，奥利维亚感觉自己更自信了，同事们和她的交往更多了。但接下来的一周她情绪低落，发现自己又无法集中注意力了。这一次，奥利维亚知道，要问问自己发生了什么事。她意识到她正在处理一桩棘手的案件，定时炸弹又回到了她的脑海里，她又把眼前的工作任务摆在了第一位。"在我听别人说话并且想要遏制'时间紧张'的想法时，我的大脑里仍然只有我自己的任务截止日期。这让我无法将精力集中在对方身上。"所以她勤加练习，一周又一周过去了，现在对她来说这样做容易多了。直到今天，这仍然是奥利维亚每日必做的功课，但她知道这样做对她有好处——她与他人建立了更深的友谊。这样做能让奥利维亚不再只关心自己，形成了"线上"的想法和行为。最终，她在工作场所有了更愉快的经历。（想必她的同事也一样！）

奥利维亚的故事让我们看到了这样一个人：随着时间的推移，她在自己周围建起了一堵墙，让她无法融入自己的团队。毫无疑问，她现在还在这段征程中跋涉，仍在努力让自己适应真诚的人际关系，而不是依靠冷嘲热讽式的幽默来试图与他人打通关系。15 分钟的散步已经成为她喜欢的习惯之一。她承认："我也许该少一点儿冷嘲热讽！"

奥利维亚还帮助当地社区做一些公益法律工作。在这次经历之后不久，她意识到"社区"（community）这个词是由两个词组成的，"共同"（common）和"团结"（unity），她开始明白，这两个词适用于所有的关系和环境。她明白了一个道理：不同就是不同，它并不等于错误。朋友未必一定是和我们一样的人，无论在生活中还是工作中。我们经常需要与我们不同——截然不同——的人打交道。因此，奥利维亚把她关爱社区之心和个人价值观带到了工作场所中，与她的团队成员相处更融洽了，她像热爱自己做公益法律工作的社区一样爱他们。

## 扼要重述——人际交往与鼓励他人

在心灵风格模型中，这两种风格是相邻的，因为它们共同促成了人的内在性格和内心世界。正如史蒂芬·柯维在《高效能人士的七个习惯》一书中所解释的一样，这是在他人的情感银行账户存钱——投资他们的性格。

大多数人都希望得到别人的重视。在工作环境中，我们特别希望得到领导的赏识。我们希望每天一早起床后赶去工作是值得的，而不是只为了拿点儿工资。我们想知道，我们的领导关心我们、认为我们很重要。从领导的/管理的角度来看，人际交往还意味着通过真正关心员工，而非仅仅重视他们的专业技能，让员工知道他们有多重要、多么受重视。

因此，随着领导者管理和领导责任加重，工作重心从任务转移到人，他们改变了对成功利用时间的看法。因为当你陷入任务模式的时候，你认为唯一能让你成功的方法，就是完成一项项工作任务。因此，你认为你必须专注于你的待办事项，而不是人。这就是奥利维亚先前的观点：在她职业生涯的早期，一切都和任务有关，任务、任务、任务，这让她变得只知道埋头做事。她没有时间建立人际关系，这对她来说不是最重要的，因为她的注意力完全集中在如何把事情做好上。在理智上，她理解人际关系的重要性；但在行为上，她并没有做到这一点。她需要洞察这一点，才能做出改变。

奥利维亚发现，她需要努力把注意力转移到建立人际关系上，也需要将关爱社区之心运用到工作环境中。奥利维亚决心通过这种行为改变自己的行事风格，随着时间的推移，她的行为变得更加真诚。

从你自己的《个人成长指南》中你会了解到，人际交往的风格衡量的是你对真正深入地了解一个人有多重视，并对他人的价值有多重视。如果你拥有娴熟的人际交往能力和有效的沟通能力，别人就会了解你，觉得你真的在乎他们。

鼓励他人的风格衡量的是你对帮助他人成长、培养他人性格和内在价值是否有真正的兴趣，你是否知道他们的价值。你可以通过多多赞扬别人以示支持来做到这一点。对别人（和自己）展现出信心，通过语言或非语言的方式有效地表达你对他们的信任。

你可能更倾向于成为一个好的倾听者和鼓励者——听，而不是说。别人会认为你是一个真诚地赞美别人言行的人，会知道你的赞美是真诚的，他们欣赏这一点。

一位首席执行官曾对我们说："如果我对员工友好一点儿，并多多鼓励他们，他们就会想要更多的钱。"有些商界人士不会鼓励别人，因为他们认为，"他们可能会取代我的工作，会变得自负，这对任何人都没有好处"。

我们合作过的每一家了不起的企业，都将认可和鼓励的力量融入了他们的文化。这是激励人才、培养人才、留住人才的最有效的方法，它能帮助员工建立内在人格的力量。这是一种会让人变得谦恭的经历，因为你将意识到，这与你自己无关，而是你在鼓励别人。然而，我们有时确实需要检查自己的诚意。如果你发现，你没有真正倾听别人，而是在思考自己的事情；你在谈话时忘了说到哪儿，很容易分心；你喜欢把话题转回自己身上，或者你打断了别人；或者偏离了原来的话题……这都说明你太关注自我了。

有效的鼓励需要我们注意，我们说了些什么，我们是如何说的。最有效的鼓励是直接而不空洞的。"你真棒"这样的话用高音调一说，听上去就像在寻求认同似的。（有时候，如果我们诚实的话，很可能就是在这样做！）我们为想鼓励的每一个人选择合适的词语和语调很重要。"他们想要得到怎样的鼓励？"

有勇气通过真诚的支持和赞扬给别人打气，这才是真正的鼓励。通过鼓励他人磨砺、培养性格来自这样一个事实：我们都应该给别人的内心注入勇气。你也可以试着鼓励比你地位更高的人——鼓励你的父母、你的老板、你的教练。鼓励他人体现了最美好的人性、人的潜力、摆脱恐惧的力量、对别人的尊重、忠诚和荣誉感。鼓励他人并不需要预先筹划：你可以自然而然地即兴鼓励他人。鼓励可以是口头的，也可以是书面的；你可以通过 WhatsApp（一种聊天软件）鼓励别人，也可以通过面对面的交流鼓励他人；你还可以拿一张便利贴，写上鼓励的话，然后把它贴到别人的办公桌上。在活动结束后，向同事、供应商、客户或朋友发一封手写的感谢信，这种方式虽然有些老套，但仍然是最真诚的人际交往方式。对许多人来说，这样做比发电子邮件或发消息更有意义，因为人们很少会这样做。

## 寻求认同和人际交往：区别何在

不久前，我们面试了一位经验丰富的培训师，因为我们想给我们的团队扩容。起初，史蒂芬对他印象挺深刻的，因为他来参加面试时，预先做了不少功课，对我们公司和史蒂芬的背景情况了解甚多，知道许多鲜为人知的事情。他热情地与人交流，他的人生经历也让人印象深刻。但玛拉对他的看法却大不相同。他也了解了玛拉的背景，但玛拉注意到了他的肢体语言。还有，他无论说什么都会绕回自己身上，目的是寻求玛拉的认同。无论玛拉看向何方，他都会把自己置于玛拉的视线之内，简直到了让人不舒服的地步。我们知道，他的本意是想给我们留下深刻的印象，但他显得过分友好了，一开始看起来像是在积极与人交往，后来却变成了寻求认可的行为。这对我们和我们的客户来说是行不通的。

"认可"（approval）中带有"证明"（prove）这个词。"证明"与竞争关系密切，但它似乎更友善一些。然而，一个人试图努力证明自己有多么好，其实是在寻求认可。我们自己和他人行为中的人际交往行为和寻求认同行为很容易混淆，这就是我们必须探索我们的心态和思维方式的原因，尤其是当我们的行为似乎并不能帮助我们与他人建立情谊的时候。

## 找到你心中的人际交往、鼓励他人的黄金

1. 在你过去的经历中，无论是在工作中还是在工作之外，你是否在你的内心中发现了爱、尊重和黄金，从而让你积极与人交往，并鼓励那些和你相处融洽的人？

2. 在你的人生中，在什么情境下你能试着与那些不好打交道的人交往并鼓励他们？

3. 你认为是什么触发了你，是什么模板、真理、空洞、伤口或内在誓言阻碍了你，阻碍你和别人交往并鼓励他们？

### 寻求认同是人际交往的邪恶的孪生兄弟

| 当我们寻求认同时 | 当我们进行人际交往时 |
|---|---|
| 我们做事情是为了得到他人的认可。当别人没有表现出我们预期的满意态度时，我们就会感到失落。 | 我们与他人相处融洽，待人友善，平易近人，并不需要乞求他人的友谊。 |
| 我们在取悦他人。 | 我们在与人沟通。 |

| | |
|---|---|
| 我们无法拒绝他人，因为我们需要他人的认可，这使我们无法与他人保持一定的界限。 | 我们可以与他人保持一定界限，也可以向他们说明原因。 |
| 我们与他人交往的隐含目的是：寻求他们的认可和肯定——我们需要得到所有人的喜欢。 | 在交谈时，我们对他人的信息感兴趣，并让他人对我们感兴趣，以此来和别人交往。我们希望能得到他人的喜爱，但这对我们来说并不是必需的。 |
| 我们太胆怯了，不敢反对他人的观点。因此，我们最终会同意所有的事情，或者什么都不说，这样我们就不会遭到他人的反对。 | 我们能够礼貌地反对别人的观点。 |
| 我们花了过多的时间去计较他人对我们的评价，所以我们花了大量的时间去思考他人对我们的看法，并且与他人交流之前会在脑海中反复预演双方的对话。 | 我们拥有真正的自信，所以我们不关心他人对我们的看法。我们意识到，他人也许根本不会注意到我们，这很好！ |
| 我们想结交那些名人、有趣的人、重要人物，即使是间接地沾一点儿光也好——我们需要靠别人的赞美来建立我们的自我价值和自尊。 | 我们接受一个人是因为他们本身，这与他们的社会身份或职业身份无关。 |
| 我们模仿周围人的行为，以融入其中并得到接纳。我们过分强调自己的语气语调、辞藻和肢体语言，却没有意识到自己的行为太极端了——我们急需别人的关注和赞美。 | 我们的行为方式与我们的个人价值观一致，我们会适当地尊重他人的价值观。 |

## 随时随地鼓励他人

你如何找到时间与人交往？对于许多成就巨大的人来说，与人结交和鼓励他人可能是他们得分最低的"线上"风格，这正是原因。时间！他们的大脑里似乎总有一颗随时会爆炸的定时炸弹，因为他们总有事情要忙。那么，我们如何在与人交往和完成工作之间取得平衡呢？你也许会说："如果我有时间就好了！"

我们熟悉的一位首席执行官，是一位善于平衡人际交往和工作关系的大师。他是一家庞大跨国公司的最高领导，然而他基本上每天都会离开办公室一个小时，到处走走，跟大家聊聊天。他会询问别人的生活情况，比如，家人怎么样？你去过哪里？或者，你下一个假期打算去哪里？我听说你上个星期的报告做得很好，跟我说说吧。

由于我们对他非常了解，我们认为他擅长此道的一大原因是，他几乎不会花几个小时和别人说话，很少和别人长时间交谈，甚至很少会连续说上几分钟，但他对别人真的感兴趣，让对方觉得自己很重要。

若要继续"对时间无情、对人仁慈"，你就可以这样做：先看看你的日程安排。看看那些开了一个小时的会议，你能把其中的一场会议合理地缩短至 30 分钟吗？如果可以的话，你就多出了 30 分钟的时间。

另一个问题是："我真的应该参加这个会议吗？"你可以委托别人去参加会议。即使你还在参加那些你觉得必须参加的会议，也可以考虑一下如何把会议缩短 10 到 20 分钟，这样你就能腾出一些时间来到处走走，和大家聊聊。我们如果好好分析一下会议的进程，往往会意识到：我们可以更有效地利用时间，而不是浪费这些我们可以用来鼓励别人的时间。

每周三次，你可以给自己 10 分钟的时间，去找周围的人聊聊。你可以对自己说，周一、周三、周五各 10 分钟，然后把这些计划写在日历上，这样你就不得不去做了。你还可以试着（适当地）从你的会议中削减一些时间，然后利用这些时间走到某人的办公桌前，或者去咖啡机旁，花上 2 分钟和别人聊上几句，比如，"嗨，你今天过得怎么样？"或者，"感谢你在这个项目中起到了带头作用。"

## 人际交往的真理和工具

让我们面对现实吧！除非所有人都能看到"线上"水准带来的益处，远远胜过"线下"状态目前让我们体验到的那些"好处"，否则什么都不会改变。从理论上讲，你把注意力放在别人身上，总是有效果的。但是你仍然需要感受到，这样做对你也是有益的。

我们很容易把人际交往看作一种行为，这种行为要么是我们与生俱来的，要么是我们与这个世界互动的一种截然不同的方式。事实并不是这样的！对于那些想要改善人际关系的人来说，这里有五条建议供你选用：

### 1. "你来了"与"我在这里"

当有人走进你的办公室想找你办事时，你可以这样想："我在这里；你现在出现在这里让我生气，因为我没有时间。"或者你可以改变你的处理方式，说："哦，您来了。我能为您效劳吗？"如果你重视对方，对方会感受到你的真心和热忱。同样地，当你参加会议、参加聚会、与朋友聊天或参加体育比赛时，你的精力是用在自己身上，还是用在别人身上？是"你来了"还是"我在这里"呢？

无论何时，当你将注意力转向他人时，你真正在做的都是将你的心灵转向谦逊和爱，全情投入，并改变你周边的氛围。

· 与人交谈时，要真诚地与他们进行眼神交流。发自内心地爱、尊重对方——这样你就不容易分心了。

· 认真倾听，让人们说完他们想说的话，不要去打断他们或试图帮他们说完一句话。你可以问他们一些问题，确保你能完全理解他们说的话，还可以做一点儿笔记。

· 试着记住别人和你说过的事，这样下次你见到他们的时候就可以问他们了。

· 警告！不要让所有的话题最后都转回你自己身上。

## 2. 我、我俩和我们

在忙忙碌碌的有时让我们来不及喘气的生活中，我们都有可能顾不上花时间陪伴我们的伴侣，当我们有了孩子后尤其如此，一切都变成了工作、房子、作业。我们彼此失去了沟通，也失去了自我。"我""我俩""我们"的概念，能将我们的注意力带回我们人际关系中的三大重要领域：

我 = 我个人成长的旅程。我做的事情、我喜欢的事物、我需要的事物，我作为一个人所重视的事物，我对个人空间的需要，我补充精力所需要的一切。

我俩 = 我们作为夫妻的关系。是什么让我俩坠入了爱河；只和我俩有关的一切；关于我俩内心分别发生了什么、内心的挣扎和快乐，我俩要互相分享；可以向对方暴露自身脆弱的亲密感。

我们 = 我们是谁。除我俩外的一切，比如我们的孩子、家庭、朋友、工作、运动、兴趣、爱好。

每周，争取一些严格意义上属于"我"的时间，获得一些个人空间，以各种可能的方式利用它，使你自己在度过这段时间后感觉精神焕发、重新振作起来，重新认识你自己、你的内心和目标。

对于如何安排"我的时间"，可以考虑以下几点：

· 和你的伴侣合作，给他（她）一点儿属于自己的时间，让他（她）也能做自己想做的事情。

· 想想在这段时间里是什么给你们每个人带来了快乐和能量。

· 算算你们各自需要多少时间。有时，这需要顺应不断变化的具体情况。在没有孩子、也不需要出差时，有的人会在每个星期六打高尔夫球，度过属于自己的时间。但如果你有自己的小家庭了，你的家人差不多一个星期没见到你了，那么有时你不得不另做打算。

每个星期，腾出一点儿时间好好陪伴你的伴侣。这是亲密关系的意义所在。花点儿时间和对方进行推心置腹的交谈，进行真正的心灵交流。

看看如何改善"我俩时间"的质量：

· 尽可能时不时地安排约会之夜。在约会之夜，你们可以一起外出或留在家中，营造充满爱意的气氛——哪怕只是吃光餐桌上的垃圾食品，也要营造浪漫氛围。几支蜡烛和外卖会让你的生活大不一样！

· 思考一下，作为夫妻，你们的"我俩"时光是怎样度过的。你多久能抽出一次这样的时间？至于什么样的安排能奏效，你们必须都同意才可以。把它列为优先事项，并一直坚持下去。

· 用心倾听。如果你正在经历一段艰难的日子（比如和工作、孩子、家人或朋友有关的事），那么能够和你的伴侣好好谈谈此事，就是"我俩"时光。当你们在一起的时候，你可以说一些这样的话："你怎么了？""你到底怎么了？""你心里在想什么？""我能为你做些什么？""你需要我为我俩做点什么？"

· 警惕将对话切换到解决问题的模式。这并不意味着对问题避而不谈，但注意保持心平气和的交谈，倾听彼此的心声、情感、思想和关注点。适当地注意分寸，不要让只关心如何解决问题的对话破坏亲密的"我俩"时光。

· 作为夫妻，你们要试着接受，某一方可能需要在一周的某个晚上加班到很晚。这样，双方就能心里有数，其他夜晚你可以全身心地在家陪伴对方。

几乎每一天，我们都被"我们的时间"吞噬了。这是花在生活中的时间，比如工作、家庭、朋友、社交、运动、娱乐。人生中的大部分时间都被"我们的时间"消耗了，于是"我俩的时间"和"我的时间"被挤没了。

以下是关于如何改善"我们的时间"质量的一些想法：

· 要明白，"我们的时间"是你和别人一起做的和别人有关的事，这和你们的关系无关。最明显的例子就是养育孩子。

· 让"我们的时间"变得特别，但不要让它吞噬一切，以至于没有时间留给"我"和"我俩"。

· 让"我们的时间"成为和你的伙伴、好朋友或家人一起为社区中的其他人做些什么事的大好机会。

### 3. 人际交往的四字箴言
我们称我们提出的这种人际交往方式为"四字箴言"。下次当你真的想要表达关心、想要更深入地了解对方的处境时，就问对方："你怎么了？"这个问题并不是在问对方，他在想些什么或他觉得怎么样。这个问题是中性的，开启了一种不一样的交流方式，鼓励对方诚实地与你分享他的经历。通常人们会问对方："你好吗？""最近怎么样？"得到的回答是，"很好""很棒""不错"。我们反复听到的都是这样的问题，所以我们做出的回答是预先准备好的，而不是真诚可信或暴露自身脆弱的回答。这样的问题无法引发有效的沟通。

有时，对方也许会回答"我不知道"——这通常是一种习惯性的大脑皮层反应，要么是一种显意识的阻拦机制——阻止他们说出他们真正的经历，要么是一种潜意识的拦截机制——保护他们免受痛苦或不适，或掩盖他们缺乏信心的状态。所以，你可以这样说（口气随便一点！）："也许你知道呢？"我们几乎可以肯定，这个简单的问题将打破对方潜意识中的各种障碍。除非他们是青少年……如果你这样问一个青少年，对方可能就会干脆利落地说："我说了，我不知道！"然后他扬长而去。对大多数成年人来说，"也许你知道呢"是一个令人惊奇的打通关节式的问题，因为它进入了掌管我们情绪和记忆的边缘系统，可以引发一场深刻而有意义的交谈。

### 4. 有效交往的"前置法"

自然单纯的人际关系当然很美好，但有时人际交往确实需要事先谋划一番。它是我们有意而为的，不过，这可不是装腔作势：为了在工作场所取得人际交往和完成工作任务的平衡，你需要好好规划时间。

大家开会时完成会议议程的时间是有限的。每个人心里都捏着一把汗，因为大家都知道，会议的所有议程是不可能全部完成的。一开始，时间可能会被各种社交细节吞噬，然后时间紧张带来的压力会驱使我们跌至"线下"，所以在会议结束时总有人会倍感沮丧。

现在使用前置法的机会来了。你可以这么说："大家好，我们都知道今天时间很紧张。所以，如果你们不介意的话，我们就开始会议议程吧，这样可以节省时间。"这样就行了！如此一来，在会议开始时，每个人都理解了会议的精神，并能跟上议程安排。这并不意味着我们将人际沟通排除在会议之外，但这样做能让我们迅速进入工作状态，并减弱控制感——前置赶走了控制。

作为人类，我们都渴望得到友谊。我们所生活的高科技世界允许我们通过互联网和社交媒体与他人保持良好的关系，让距离不再是人际交往的障碍。然而，有时候，这种联结被我们的移动设备破坏了！我们在屏幕上花了多少时间？统计数据是惊人的。我们有时需要审视一下自己：我们是不是太忙于关注我们的移动设备，没有把全部注意力放在我们的同事、朋友、家人或孩子身上？"科技干扰"指的是科技设备给人际互动造成的那些轻微的日常干扰或中断。你可以在餐馆里看到这样的场景：一群朋友围坐在一张大桌子旁，每个人都被自己的手机屏幕吸引住了；或者，出门约会的情侣也在看各自的手机屏幕，多么可悲。你也可以在办公室里看到这种情况：一个同事和另一个同事在交谈，但他们都低头看着自己的手机。

我们的一些制约科技干扰的实践，已经得到了积极的反馈，这些做法包括：

· 对开会时和晚上回家后接电话或处理电子邮件这样的事有心理准备。

·如果你知道有一个重要的电话要在开会时打过来，那就先和大家打个招呼。

·在工作场所开会时，在家里——尤其是在约会之夜，当你用餐并与人交流时，把移动设备切换到飞行模式，并至少保持45分钟。

·在你回家后的第一个小时，把手机放在另一个房间里，这样你就能全身心投入家庭生活了。

·学习如何将晚上写的电子邮件设置成第二天一早发送，这样你就不会和同事展开无止境的拉锯战了。

移动设备让我们得以表达对与他人沟通交往的深切渴望。然而，我们确实需要留意它们，不要把我们的注意力从我们渴望的事情——以一种真实而有意义的方式与他人联系——上转移开。当这些移动设备成为你口袋里的魔鬼时，它们就会破坏我们的人际关系，使我们无法给予他人充分的关注，或使我们无法获得他人对我们的关注。

### 5. 听"老婆"的！

很多人对我们说："我不知道该如何跟别人聊天。我想表现出兴趣，但是我不知道从哪里切入。"让我们来看看一个简单的过程，助你提前设计好一些可以在社交场合中抛出的问题，帮你与他人交往、建立友谊。

我们已经把它归纳成了一个缩略词。首字母缩略词是WIFE——听 wife（老婆）的！

W 代表工作。对他人产生兴趣的最简单的方法，就是询问他们的工作情况。你可以这样问：你在哪里工作？在那里工作感觉如何？你以前做什么工作？不过，你需要注意的是，考虑到你的职业，你可能需要谨慎一些，不要给人留下自私自利的印象。例如，如果我们询问他人工作场所的领导力和文化问题，就像是我们在招揽生意一样。如果你负责销售软件或提供招聘服务，你需要仔细选择你的问题，但至少先问一个关于工作的问题，因为这个话题对人们来说很熟悉，而且通常很容易聊。

I 代表兴趣。你有什么兴趣、爱好？你的假期长吗？业余时间你爱做些什么？如果你有更多的时间，你会做什么？你梦想的度假胜地是哪里？你周末有什么计划？什么事物或什么人会给你带来灵感呢？

F 代表家人和朋友。你有伴侣吗？孩子多大了／他们做什么？你在哪里出生？你在哪里长大？读的是哪所学校？那个国家怎么样？你的亲戚呢，他们来自哪里？你有兄弟／姐妹吗？你的朋友们是做什么的？你们经常聚在一起吗？你的朋友／家人在附近生活吗／遍布世界各地吗？

E 代表消遣娱乐。你有什么娱乐活动？你最近看过哪些电影？你是体育迷吗？你去看戏吗？你最近看了什么书？你最喜欢哪部电影／哪本书？为什么？

最后，如果你想引导别人，帮助他们成为最好的自己，那么你若能通过和他们交往、鼓励他们，和他们建立起彼此信任的关系，你就会事半功倍。在我们这个喜爱炒作和指手画脚的世界里，社交媒体会准确地告诉我们，我们的生活"应该"是什么样的。有时与他人建立友谊只需做到一点：不去随便评判别人。要知道，尊重和接受他人是人际交往和鼓励别人的关键。一旦我们放下了收到更多"赞"的渴望，我们就打开了建立友谊的大门。当我们出于内心的富足、我们内心的黄金、我们的爱和尊重而付出时，别人会感受到我们投射出的真诚的敬意。在大多数情况下，这并不需要太久。

# Chapter 10

# 与他人共同成长——助人成长与同情他人

教练就是能在不让人怨恨的情况下纠正别人错误的人。

——约翰·伍登，美国传奇篮球教练

我们每个人都渴望成为高效率的父母、合作伙伴、领导和队友。如果我们怀着同情心——超越行为本身，去了解别人的内心和动机，本着对别人的关心提供建设性的指导，帮助他们发挥他们的潜力，那么我们都能成为自己渴望成为的人。

2004 年，印度洋爆发了史上破坏性最强的自然灾害。这场引发海啸的大地震摧毁了整个东南亚沿海地区，导致至少 23 万人丧生。

当时我们住在悉尼，对我们来说，这场悲剧离我们很近。而且，我们 21 岁的女儿塔玛拉和她的两个澳大利亚朋友，当时正在泰国的海滩游玩。我们担惊受怕了 24 个小时，不知道她在哪里。然后，史蒂芬接到了一个陌生号码打来的电话，通话时间只有 5 秒钟："爸爸，我还活着。"谢天谢地，当时她和两个经验丰富的冲浪者一起玩。那天早上，她的朋友们很早就出去吃早饭了。当他们沿着海滩散步时，他们看到海水往后退去、远离陆地。他们知道大事不妙，于是赶紧跑回别墅，拉起塔玛拉，跑到了安全的地方——我们的另一本书提到了此后发生的故事。

不久后，玛拉——她拥有临床神经心理学博士学位，在创伤咨询方面具有丰富的专业经验，她的客户遍布天下——接到了一个电话。对方邀请她到斯里兰卡，帮助安抚那些幸存下来的儿童和成人，以及那些在现场提供援助的人。在她离开的前一晚，我们一起出去吃了顿饭——这是我们的一个传统，如果我们即将分开一段时间，我们就会一起出去吃饭。

我们坐下来，点了酒，开始聊她的此次出行。最后，她停顿了一下，说："你知道吗，亲爱的，我很高兴能帮上忙。但是我觉得你可能有点儿嫉妒。"为什么她会这么想呢？也许是因为在史蒂芬说"我认为你被选中去帮助这些人真是太好了"的时候，口气有点儿酸溜溜的。也许是因为，在晚餐前，当玛拉的文凭令他感到威胁时，他又换了一个说法："好吧，你是心理学家。"但是在吃饭的时候，他是怎么说的呢？"不，不，不。我不嫉妒，我为你感到高兴。"他没有意识到他已经被"多面体"控制了，他确实由衷地为她感到高兴，不过——也嫉妒她。

玛拉的一大性格优势就是，她不需要去证明自己是对的，所以我们继续吃饭聊天，度过了一个愉快的夜晚。而史蒂芬的一大性格优势是，当人们给他深思熟虑的反馈时，他会真诚地倾听并反思。在玛拉离开后的24小时里，他一直在琢磨她说的话。他得到了什么启示？"当然，她是对的。"史蒂芬承认，"我的确是嫉妒了。"

几年前，我们曾经参加一个创伤咨询小组，因为我们在澳大利亚丛林深处碰上了一起谋杀—自杀事件（另一本书中详细介绍了此事）。史蒂芬曾与玛拉并肩作战，帮助别人治愈心理创伤。她的一些治疗手段，特别是关于如何治愈心灵伤口的方法，是多年来两个人一起研究出来的。"他们为什么不请我去呢？"这正是史蒂芬心底的疑问。

玛拉那天晚上做的一切都是对的。她关注的不是谁是对的，而是什么是对的。她发现，最完美的真心话时刻，不是在她收拾行李或坐上出租车的时候，而是在他们精神放松且专注于对方的时候。她没有试图去控制对方，而是带着对史蒂芬的同情提到这一点，真心希望通过播下一粒小小的种子来帮助他完善人格。史蒂芬知道，玛拉这样做是出于爱，她是在为他着想。她的行为让他看到了真相，并谦逊地道了歉，而且他感到这样做是安全的、自在的。通过抓住机会帮史蒂芬完善人格，她给他们的关系带来了真正的、积极的改变。

出于工作的原因，我们看到不少老板、培训师或家长以助人成长和同情他人的心态，帮助人们实现了转变，就像我们在第4章中提到的那位父亲一样。在他的引导下，他的女儿从严重的数学恐惧症患者变成一个优等生。一位领导让自己的一位下属带着尊严和信心离开企业，也是一个这样的例子。

让我们承认吧。指点某人或给某人反馈、让他们成长进步是人生中最难做的事情。我们害怕冒犯别人、摧毁他们的信心，或者让他们的情况变得更糟糕。我们也担心他们会出现怨恨、流泪甚至诉诸法律等消极反应。具有讽刺意味的是，大多数人确实希望得到别人的引导，希望有人相信他们，陪伴他们取得进步。

## 扼要重述：助人成长和同情他人——性格指导

这两种风格在"心灵风格"模型中是相邻的，因为培养他人最有效的方法是怀着同情心看到并指出他们的问题所在，这样他们才能成长。

"助人成长"和"成长型思维"有很多共同之处。"成长型思维"（growth mindset）一词是由斯坦福大学心理学教授卡罗尔·德韦克提出来的。助人成长的行为鼓励他人相信自己的智力、社会属性和内在性格都是可以培养的。伟大的运动员们仍然需要教练，因为他们具有成长型思维。这就是我们所说的性格指导，指导别人涉及人的性格，接受指导也涉及人的性格。与其把它看作对抗，不如把它看作一种充满关怀的交锋。如果你足够关心一个人、爱他、信任他，想要帮助他成为最好的自己，你怎么能不去帮助他成长，就像玛拉帮助史蒂芬那样？

同情是客观地爱。同情别人并不意味着容忍无效或消极的行为，也不是意味着赞同那样的行为。真正的同情是细细观察对方的行为而不妄加评判，然后透过对方的行为看到对方的内心深处，并问自己："那个人现在怎么了？ 在他身上发生了什么？"你会试着全面观察对方。当你观察他的时候，你得明白，他也是一个复杂的"多面体"。你要这么想："我相信人性本善、出于好意，他们的'线下'行为并不是他们的本心，这是一种保护自己免受伤害的应变策略。那么这是怎么回事呢？"性格坚强的人，才能拥有同情的力量。性格越不成熟的人，越爱评判别人，这是很正常的。

你如果想要客观地去爱，试着像心理学家一样思考，能给你带来帮助。经过专业训练的心理学家去做的一件事，就是以助人成长和同情他人的心态作为他们的过滤器，然后运用他们的倾听技巧去帮助别人。假设你在提供心理咨询，你的客户进来，把发生在他身上的一堆事情告诉你。在这第一次交谈中，你得试着去了解他是谁，但同时你也要注意倾听，寻找能帮助你全面了解对方情况的线索。最重要的是，你得"听到"他没有告诉你的事情——一件件事之间的空白。作为一名心理学家，玛拉喜欢把它想成一个个谜。在她的脑海中，她仿佛看到了一组带有凹口的拼图碎片，她需要把它们拼在一起，才能拼出完整的图。

你坐在那里客观地聆听着，要做的不仅仅是对他们的问题感同身受，还要试着找出会影响他们看法的其他因素；为了全面了解对方，你还能收集哪些信息。你需要试着去揭开一些客观真理，这样你才能理解这些客观真理是如何存在于他们的（主观的）真理中的，并且看到两者的差距所在，这样你就能通过同情和关心来帮助他们，缩小主客观真理之间的差距。

"同情"（compassion）这个词来自拉丁语"compati"，意为"受苦"。情绪研究人员把它定义为：一个人面对他人的痛苦时产生的感觉，并想要去帮助对方减轻痛苦的心态。这正是后半部分要提到的内容：同情心不只是一种温暖、善良的感觉，更是驱动人们采取行动以帮助他人的一种动力。

有爱的地方就有同情，但我们都喜欢去没有爱的地方，即对别人妄加评判。所有人都有对别人妄加评判的时候。如果我指出你是错的，那我自己就一定是对的。这种感觉真好！我们喜欢评判这个世界，这给了我们一种安全感和权威感，满足了自我的需要。但我再说一遍，这是伪劣的！妄加评论（线下）和明辨是非（线上）有着天壤之别。


## 同情他人和助人成长的要诀

在我们学习指点别人和助人成长的要领时，要记住，真诚和明智是使其有效的两大关键。无论你采用什么方法，如果你不够真诚，也不够明智，还不懂该在何时何地指点别人，那就行不通。如果你真诚又明智，人们就会相信你是一个高效能的、有爱心的训练师，他们会认为你虽然说话直接、有挑战性，但能给予他们支持。他们知道你会把他们的最大利益放在心上，想要帮助他们在职业生涯和个人生活方面取得进展。但是，我们想和他人达到这样的信任度需要时间。正如我们在第9章中所说，你可能需要通过人际交往和鼓励他人的行为，在情感银行账户中存入大量存款。

助人成长是在许多不同的背景下完成的，没有一个放之四海而皆"宜"的过程——有日常的"趁热打铁"式的即时小反馈，也有每月一次的跟进指导，还有大型的培训活动。不过，这没有什么硬性规定。当你需要它们时，具体如何做，完全取决于你自己。

下面是 5 个帮助你掌握性格指导方法的小诀窍：

## 1. 关键在于时机——关键时刻（MOT[①]）

你试过打开一个未成熟的绿色核桃吗？这几乎是不可能做到的。它坚硬的外壳不会裂开。如果你用锤子砸它，它可能会弹开，也可能会被压扁。但是，打开一个熟透的核桃多么容易啊，你只需用手就能把它砸开，得到里面的核桃仁。在你找到那个关键时刻——这时对方的心成熟了、能够接受你说的话了——之前，你没办法让对方成长，尽管你内心充满同情、仁爱。本章开头史蒂芬克服对妻子的妒忌的故事，就是这么回事。有时你不得不通过交往和鼓励行为，创建有意义的人际关系，从而创造一个这样的关键时刻。但你即使做到了这一点，发现最好的关键时刻也需要认真筹划一番。

此外，你还需要寻找机会、找到勇气，然后和对方一起创造这个关键时刻。这需要你认识自我、了解对方、透过行为本身去看问题，并试着去理解对方身上发生了什么才导致出现现在的情形，让"情境＋思维＝行为"和同情心的强大组合作用在他们身上。

获得关键时刻最有效的方法，是学会 ETA（三个字母组成的缩写词永远不会嫌多！）在这里，ETA 指的是环境（environment）、时机（opportunity）和方法（approach）：一种关于何时提出反馈，何时真正进行讨论的智慧。

环境

·思考什么样的环境适合进行这场谈话。

---

① Moment of Truth，译为关键时刻。

·怎样才能让双方觉得舒适和安全？可以私下进行，在不受干扰的工作时间：在一个安静的私人区域、一家咖啡店、一个有扶手椅的房间里……或一个酒吧中！

·需要考虑对方的需求，并尽你最大的努力让对方感到舒适。

时机

·什么时候给予反馈最好？现在，还是再等一会儿？如果需要再等一会儿，原因何在？

·想想你对对方的日程安排了解多少，这样你就能找到一个合适的时间，而不会赶在对方开会前或最后期限前去找对方。

·同样，你自己也需要精神一点儿。所以，想想你什么时候可以在你的日程表中腾出时间，这样你就无须匆忙了。

方法

·什么样的开场白最适合对方？是比较随和的："嘿，能跟你说两句话吗？"或者更直接一点儿："嘿，我能给你一些反馈／意见吗？"有的人可能会欣赏更"正式"的方法。

·无论采取什么方法，你都要本着同情心：想想这个人是谁，什么方式最适合他、最能让他感到放松。

·注意你的声调，沮丧的声调会让人感到恐惧。

**2. 一切都在于理解：找到共享的意义**

当我们第一次见到我们的客户麦克斯时，他超级爱挖苦人、和别人做对。在他的公司里，人们把他看作阻碍公司文化发展的人，因为他每时每刻都在和别人对着干。在他的领导团队中，他的同事们时刻提防着他那尖刻的讽刺。麦克斯的行为给人的感觉，除了消极还是消极，直到他参加我们的项目。我们问他："你认为你这样做的目的是什么？"麦克斯的回答令人难以置信，彻底改变了他和同事们的关系。他是这么说的："我愤世嫉俗，是因为我在乎。我不希望我们的公司出问题。"他的目的是批判性地评估每一件事，以防出现对公司不利的事情。他这么一说，人们对他的看法就改变了。他是在表达他内心的真实意图——一种强烈的忠诚和保护的冲动，但他的表达方式是"线下"的，因为他尖刻的话语让人感到害怕。

如果我们能找到某种"线下"行为的目的和意图，我们就能找到某种程度上共享的意义。在此处，共享的意义是：所有团队成员都热情地投身于工作，并且非常关心公司业绩。一旦团队的其他成员理解了麦克斯的意图，然后理解了他的"线下"行为，事情就会出现戏剧性的转折。麦克斯决心减弱语气中的讽刺感和控制感，并提出一些问题以帮助评估。他爱说的话变成了"帮我搞定"。如今，他已经脱胎换骨了，凭借自己的能力成为一名卓有成效的首席执行官。

看法就是一切！

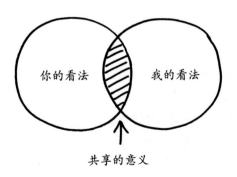

共享的意义

说到助人成长并进行反馈，英语中最强有力的一个词就是perception（看法，认知，洞察力），因为这个词排除了对对方的评判。大家聚在一起，说这样一些话："让我们来分享一下彼此的看法……你的意图是什么……请帮助我理解你的思路……让我们保持一致的立场……跟我说说你的观点好吗，我也将说说我的看法，希望我们能找到一些共享的意义。"这是一种很棒的反馈方式：我们可以通过举例来具体说明，并以"我的看法是……"开头，让其他人安全地接受反馈并分享他们的看法。随后会发生什么呢？我们可以拨开不同观点的迷雾，找到隐藏其中的共享意义。

　　能在最初貌似消极的情境或人的身上找到积极的一面，是非常厉害的，因为这说明你正在放弃你固有的判断、试着去同情别人。你有机会放弃自己的立场！我们要做的是放弃自己的判断，对别人产生同理心。困难在于，自以为是的感觉是如此诱人，有时我们很难放手。

　　别再去想他们当时的行为，而是思考一下他们的用意何在。在工作中，如果你们都对共同的项目充满热情——这就是共享的意义，那么这也许意味着你们需要改变以前那种摩擦不断的交流方式，基于你们共享的意义，取得一个有效的结果。

　　在家里，这也许意味着别再与你的伴侣或室友争论不休，争论你们在保持房间整洁方面付出了多少劳动（或者没有付出劳动）！如果你们都关心自己的家（不管它是否整洁），或者重视彼此的关系，那么这就是你们共享的意义，而为了谁做得多、谁做得少争论不休是没有意义的。这是走向"线上"的重要一步。

　　你可以通过基于同情的思维和行为来改变这些情况，它不是空泛的，而是非常实际的，这样做能奏效。

### 3. 对事不对人

《一分钟经理人》中提到的古老原则，值得我们再次强调。要想本着同情心有效运作，我们面临的挑战是：试着将人与行为分开，对事不对人，然后找到我们共享的意义。"我重视你作为团队成员的身份和你所做的事情……；我爱你，儿子，那是一场精彩的比赛……；我爱你所做的一切，亲爱的，有一件事我想和你谈谈……"

内特是一名医学实验室的高级技术员。他说，在处理职场矛盾方面，他得到的最好建议来自他高中时的足球教练。这个建议只有六个字："踢球，不要打人。"在踢足球时，如果你推搡或踢到了对手，你会受到处罚，还可能会伤害别人。你只需追着球跑，因为那才是你真正的目标。对于内特来说，这意味着如果他的一个同事错过了最后期限，或者把队友的功劳占为己有，或者任何其他需要指出的行为，他都会针对他们的行为而不是他们个人给出意见。比如，他会这样说，"我们应该按时交付成果"，而不是"你总是到了最后期限才交付成果"。

谁都不想冒犯别人。我们都知道，当人们对他们所做的事情充满热情时，他们会把别人给出的反馈当作针对他们个人的评判。所以，尽管我们一再强调，我们尊重对方，只想针对他们在做的事提点儿意见，但对方很难不认为那是针对他们本人的评判。在指导别人时，我们可以慷慨地给他们一点儿时间去"上夜校"：让他们花一两个晚上（有时是一两个星期！）思考我们给出的反馈，然后我们再本着同情心进行指导。

善于助人成长意味着敢于挑战他人，并通过针对问题而不是人来做到这一点。这意味着你要让别人知道，你能看到他们的能力，并且能帮助他们取得成就、做到最优秀。你如果善于以建设性的方式处理分歧和冲突，就能给予对方真正的鼓励、适当的纠正性反馈。我们需要深思熟虑、睿智一点儿。我们在提供有效的反馈之前，等待适合说真话的关键时刻出现，让对方觉得我们的反馈是真诚的、出于好意的，这时我们就能向对方传递这样的信息：学习的每一步都是值得庆祝的，错误只是改进的机会。

### 4. 指导别人的五个 C

我们希望在"心灵＋智慧"这两方面助人成长，为此，我们提出了指导矩阵的五个 C，以帮助划分不同的成长区域。你们可以把下列五个 C 方面的问题答案写在一个文档里，如果对方是新手，你就可以每月使用一次这个文档，随后每季度、每两年使用一次。如果你们的关系很好，你就可以忽略这个过程！我们一般先让团队成员填好内容，然后本着爱和同情心一起来讨论这些内容。

· 性格（Character）：性格成长。从他们的测评得分和行为可以看出：他们身上发生了什么？他们是否在积极地培养"线上"的品性，在他们的内心培育黄金？我怎样才能帮助他们树立信心？

· 清晰（Clarity）：角色清晰。这些人清楚自己的角色、职责和期望吗？他们是否掌握了他们需要的信息，从而有效地履行他们的职责？我如何使之更清晰？

· 能力（Competency）：能力培养。这些人是否有能力有效地履行他们的职责？他们需要什么样的培训？我怎样才能帮助这些人获得必要的知识和能力？

· 交往（Connection）：团队精神。这些人是否善于与他人沟通，是否具有团队精神，是否尊重所有人，是否懂得绩效管理？他们能否与客户／顾客保持良好关系并愿意为此付出更多努力？我怎样才能帮助他们看到人际交往的好处？

·奉献（Commitment）：热情程度。他们内心对我们所做的事情、业务和品牌的投入程度如何？具体属于下面哪种情况：（1）心不在焉；（2）日益关心；（3）全心投入；（4）失去信心；（5）心灰意冷？我／我们该如何帮助他们？如何让他们对我们所做的事更加积极、更加投入？

### 5.指导的过程

作为领导、父母、伙伴或朋友，你有时需要和某人坐在一起，进行真正的坦诚交流。

英式足球在英国很受重视。丹尼尔从 7 岁开始在当地一个相当有实力的足球队中踢球。虽然他没有受过正式的训练，但很明显他是个天生的踢球好手。在刚开始的 21 场比赛中，他的球队赢得了每一场比赛，虽然他们以前并没有一起打过球。丹尼尔进了很多球，得了很多分。他的球队习惯了胜利，一路杀进了决赛。

在最后一场比赛中，他们面对的是一支同样优秀的队伍。球员们已经合作很久了，连续两年赢得了奖杯。结果，丹尼尔的球队以 1∶7 输给了他们。这是他们第一次输掉比赛，也是丹尼尔第一次输球。他不习惯这种感觉，也不知该如何应对。他把水杯摔在地上，对队友大喊大叫，走向他的妈妈，把夹克朝她一扔。最让他的妈妈感到难过的是，丹尼尔竟然没有和自己的队友、对方球员、向他们走来的对方教练握手。

他的妈妈海蒂对我们说："我感到震惊和失望。但这让我意识到，这是个大好机会，不仅是丹尼尔磨砺自己性格的大好机会，也是我们作为他的父母学习如何帮助他培养性格的大好机会。即使他只有 7 岁，他也很容易被争强好胜的思维和行为左右。"海蒂很聪明，因为她知道等待合适的时机。

有一天，海蒂和丹尼尔在花园里踢足球。海蒂回忆道："起初我们聊的是他输掉比赛后的感受，这时我的脑海里突然想到了一件事。我在中学一年级的时候就生成了一个深刻的模板：我曾是篮球队队长。我们队很棒，在比赛中击败了其他学校的所有球队。当时，我们快要参加那一学年的最后一场比赛了，大家都盼望我们能赢得奖杯、成为联赛冠军，所有这一切都取决于这一场比赛。在比赛中，我们很快地以 1 ∶ 0 落后于对方，然后是 2 ∶ 0。虽然我不记得最后的比分了，但我记得我越来越沮丧、愤怒，失去了理智。我记得在我们输了比赛后，我走过球场，冲我妈妈大喊大叫；我责怪我的团队成员，一点儿都没有展现出我的风度。我还发誓，我再也不打篮球了。"

| | 指导法 |
|---|---|
| 初步交流 | 聚焦于对方和你的关系，用爱和尊重去与对方沟通，表达你的想法。找到关键时刻和 ETA（环境、时机和方法），有助于营造一个安全的环境。<br>·我们能聊聊吗 / 我能给你一些反馈吗？我注意到一些问题，我想我可以帮你——我们能谈谈吗？<br>·让我们来看看你的《个人发展计划》。<br>·让我们来看看你的《心灵风格个人成长指南》。 |
| 打开话题 | 通过提问试着理解他人的观点，并收集相关的事实。记住要越过行为本身，去了解这件事的本质。<br>·今天你想要有什么收获？<br>·你怎么了？你对……的看法是什么，请你跟我说说。我想再多了解了解这件事的来龙去脉。<br>·是什么样的情境或诱因让你……？<br>（探索"线上"和"线下"）<br>·结合《心灵风格个人成长指南》来培训：这里面的哪一点让你感到惊讶，你同意哪些，不同意哪些…… |

| | |
|---|---|
| 继续深入 | 给出你的观点，要显得真诚、实事求是、富有同情心。<br>·我可能完全说错了。这只是我的看法，我是这样看的……在……发生时，我注意到……我觉得……其他人觉得……在我们团队看来……我们团队觉得……对顾客的影响是……<br>·在我看来……这对你来说是真的吗？这是真相还是你的"真相"？<br>·你是否感到沮丧、精疲力竭？这让你付出了什么样的代价？ |
| 巩固检验 | 找到共享的意义或你们一致的地方。<br>·你明白了什么，听到了什么？<br>·我所理解和听到的是……<br>·你认为我们在哪些方面存在共享的意义？ |
| 向前推进 | 一起决定如何以具体行动向前推进。<br>·根据我们刚才讨论的，让我们一起来解决问题。你有什么主意？你会停止哪些行为、开始和继续哪些行为？如果你是我，你会怎么做？你怎样才能用"线上"的方式达到同样的效果呢？<br>·我怎么做才能帮你前进呢？你需要别人提供什么样的支持才能成功？也许你可以考虑……<br>·如果有必要，你作为指导者，可以为他们提出建议 / 解决办法，促进他们成长，你的建议要具体明确。<br>·我们 / 你如何衡量自己是否取得了成功？你希望我让你对什么工作负责，并跟进你的工作？ |

36 岁的海蒂说："我完全忘记了那段经历，直到我和 7 岁的儿子在花园里踢球，聊起他那次在足球场上的表现时，我才想了起来。我对丹尼尔说，你有一个选择：你可以学习如何处理这些情绪，并利用它们来帮助自己今后更好地发挥踢球技术，或者你可以让这些沮丧和愤怒的情绪影响你的比赛。"我们想了一句话，这句话可以帮助丹尼尔在沮丧或生气的时候，想起公式"情境 + 思维 = 行为"。这句话就是："丢了大脑就会输，留着大脑就会赢。"

不久前，他和那支曾经让他们输了球的球队打比赛，结果他们以 1 ∶ 1 同对方打了个平手。但丹尼尔这次的表现明显不一样了。他走过去对妈妈说，"哇，妈妈！看看我们进步多大！"他和每个人都握了手。对于海蒂来说，这是一个特别的时刻；对于丹尼尔来说，这也是一个特别的时刻。

海蒂直接和儿子谈论此事，并对儿子当时的境地和驱使他出现"线下"行为的原因表示同情和理解，做了清晰的指导。当她对自己的经历和过去的行为有了新的认识后，她选择了一个合适的时机，和儿子谈论自己的经历及其后果，并问他打算如何表现。她还想了一句他能理解的话，让他能在那种熟悉的感觉出现时想起那句话。值得赞扬的是，虽然丹尼尔只是个小男孩，但他选择了通过"线上"行为实现个人的最佳状态，抛弃了急于求胜的竞争心态。

在重要的性格指导环节，你只要相信"指导法"，就能帮到你。然而，"指导"离不开谦逊和爱。

使用"指导法"是一个你问我答式的对话过程——这是心的交流，而不是一种审问！如果你想指导一下你的孩子或配偶，你该如何与他们沟通交流？需要说明的是，我们并不是真的让你把纸笔拿出来！重点是运用这些法则！你会在工作中、在家里使用什么样的语言和措辞呢？也许你可以对同事说："嘿，我们能聊聊吗？"但你如果对自己 13 岁的孩子这样说，可能压根儿就没用！在这方面，ETA 也许能提供帮助——考虑一下环境、时机和方法。


## 指导别人放弃某个职位

挽留别人继续工作展现了我们的同情心，但有时劝说他人离职，同样是同情心的体现。如果一个人的职位不适合他，他就无法做好自己的工作。有时人们去做一项工作，但他们没有准备好；有时候工作内容变了，工作目标也变了。有时人们会得到比他们的能力更高的职位，这就是众所周知的彼得定律。人们想要升职，我们就给他们机会，然而新的工作可能会让他们难以招架。那么，我们在需要进行绩效管理、辞退某人时，该如何在这样做的同时体现我们的同情心呢？我们怎样才能顺利辞退某人，并让他们开启新的职业生涯呢？

我们相信，做好这件事是一种艺术，因为它植根于尊重和爱。当你把别人的最大利益放在心上时，即使你要让他们离开，他们也能感受到你的心意。

我们听到过很多这样的事情：有时人们通过短信、电子邮件或面谈等方式解雇别人，结果却没有处理好。是什么在阻止我们做好此事？恐惧心理——害怕遭到拒绝，害怕拒绝别人，害怕伤害别人，担心这可能会让公司付出代价。所以，我们拖了又拖，拖了又拖。有时，我们付出了比预期更高的代价，包括情感、经济和企业文化方面。

凯瑟琳是一家在线家居公司的新任首席执行官。就职6个月以来，她的学习曲线非常陡峭，因为之前她没有在这一行的工作经验。凯瑟琳发现，领导团队中有一位重要成员阿尔伯特，常常让她备受打击。阿尔伯特已经在这家公司工作多年了，她觉得他俩相处得一点儿都不融洽，而且她发现他的工作效率一点儿都不高。最终，凯瑟琳决定与她的首席隐私官见面聊聊，想办法让阿尔伯特进步，或者让他体面地离开公司。首席隐私官明智地提出，他要全面调查情况，并与凯瑟琳、阿尔伯特分别沟通，了解他们各自的想法。她发现，凯瑟琳总是避免与阿尔伯特沟通，因为他们相处得不够融洽，一旦阿尔伯特的团队出了什么问题，凯瑟琳就会爆发。一方面，阿尔伯特在在线零售方面有丰富的经验，因此，他的专业知识引发了凯瑟琳的恐惧，使她对自己的专业能力感到不安。另一方面，阿尔伯特觉得自己受到了凯瑟琳的威胁，因为她之前有丰富的管理经验，她的资历和她那志在必得的领导风格，让他感到自卑。

首席隐私官指导凯瑟琳先迈出几步，与阿尔伯特深入地聊聊他们的关系、他的工作能力。这个简单的计划包括：首先发现他俩共享的意义，然后分享他们的观点，使他们实现更顺畅的交流，然后以此为基础改善他俩的关系，并解决工作中的问题。

于是，凯瑟琳与阿尔伯特有了第一次当面交流。这次谈心让他们俩都有不少新的发现。他们都认可，他们共享的意义是对这个行业的热情；而且他们都承认，他们是从不同的角度来看待这个行业的：阿尔伯特凭借的是自己多年的经验，凯瑟琳则基于一种新的视角，以及之前她在其他行业的管理理念。由于这一共享的意义能够缓解他们之间紧张的气氛，阿尔伯特坦言，他很害怕自己会遭到解雇。他的婚姻也出现了问题，他回避凯瑟琳，是因为他非常害怕失去工作。他承认家庭问题让他分心、无法表现出自己的最佳状态。凯瑟琳告诉他，让他紧张不安并不是她的本意；她只是想了解公司业务、进展情况，并能够帮助他做出正确的决定。这次交谈让凯瑟琳对阿尔伯特的态度变温和了，使她对他产生了同情心，继续处理与他有关的工作方面的问题。凯瑟琳告诉首席隐私官："我不希望有人每天都畏惧我或者害怕丢了饭碗，现在我能理解他的行为了。"阿尔伯特也开始意识到，家庭矛盾并不是他的全部问题，在采用新的技术系统方面，他的进展确实很慢，他把这种压力带回家并转嫁给了他的妻子。

为了改善这种情况，他们决定采取以下措施。第一，凯瑟琳和阿尔伯特同意每周面谈一次，回顾过去一周的工作，谈谈未来一周的计划。他们会聊聊哪些工作进展顺利，哪些挑战需要引起注意，以及在未来一周中他们将如何沟通以解决问题。这样安排的目的是让阿尔伯特监督日常工作事项，那么凯瑟琳就无须觉得自己必须掌握一切，同时阿尔伯特可以在互动中发挥领导作用。第二，在出现问题时，凯瑟琳会在有所反应前，先和阿尔伯特取得联系，交流、倾听，确保自己了解情况，然后她会问阿尔伯特："你怎么了？你认为出现这种情况的根源是什么？"

最后，阿尔伯特的确离职了。他和凯瑟琳学会了尊重彼此，他们都意识到，他们之间一直存在一些没有公开挑明的问题，而这些问题严重破坏了他们的关系。重要的是，他们建立了一种沟通渠道，帮助他们克服了在努力建立工作关系的同时避免接触对方的欲望。阿尔伯特觉得自己做到了善始善终，他制订了一个有效的移交计划，并协助凯瑟琳招聘替代他的新人。凯瑟琳认识到，找到共享的意义、深入探索一个人行为的本质是多么重要，而仅仅对他们的行为做出反应是不够的。阿尔伯特的个人生活也更如意了。他找到了一个适合自己能力的职务，减轻了自己的压力，这对他的婚姻也产生了积极的影响。

## "线上"的"书挡"：真诚可信与同情他人

同情有时会受到负面评价。有的人认为同情是软弱无力的表现，类似于"我爱每一个人，我被别人踩在脚下"的特质。再看一下心灵风格模型中的"线上"风格。最左边是"真诚可信"，最右边是"同情他人"，这两种风格相当于"线上"的"书挡"，将所有其他"线上"行为安全地固定在适当的位置，这并非偶然。在真诚可信和同情他人的协同作用下，我们的言行处事有了界限，并有足够的谦逊和勇气，能在不妄加评判他人的同时说出重要的真相。

从表面上看，"真诚可信"和"同情他人"似乎并没有多少共同点。然而，在不对别人妄加评判方面，这两者立即关联起来了。真正自信的人不会为了获得自我价值而随意评判他人，而富有同情心的人会越过他人的行为本身，试图了解是什么塑造了他们的人生。我能真诚地告诉别人一个难以启齿的真相，但由于我已经客观地了解了信息，而且我有同情心，所以我不会随意评判对方。

玛拉的职业生涯让她明白了这一点。她曾经在澳大利亚做了超过 18 年的谋杀案法医神经心理学家 / 鉴定证人。她的工作是对等待审判的囚犯进行神经心理评估，这是审判过程的一个重要组成部分。她每次去做评估的时候都会带上一大堆测试问卷，因为在评估人类大脑的时候，每个人都需要完成一个"由此及彼、非此则彼"的推演过程。这有点像一种拼图游戏：在进行多项测试的同时，你需要观察对方的反应，因为这将决定接下来需要测试的内容是什么。

"除了神经心理方面的测评，我还需要对病人进行临床观察。我的大脑里不能有这样的想法——'这个人被指控杀害了三个人'，因为那只会影响我思维的清晰度和客观性，我可能会得出错误的结论或做出错误的假设。"玛拉解释。

玛拉说："评估过程体现了我的同情心。我得想方设法弄清这个人的整体情况，包括他的背景、减轻罪行的因素，等等。但这并不意味着，我只知道一味地去同情对方。这只是意味着，我也许能理解为什么他们会走到这一步——因为他们过去的某些经历，或者因为大脑损伤，或者因为心理问题。但这并不一定意味着我一定会为他们感到难过。"

虽然这是一个比较极端的例子，但它与我们日常生活中发生的事有相同之处，所以我们说你可以原谅某人，但不一定要宽恕他的行为。当你出于同情心去做事时，正是这种真诚让你能客观地看待自己、客观地看待你和对方的关系、客观地看待对方行为和他的人生经历之间的关系。这样你就能知道如何与此人打交道。这并不意味着你会过分认同他们，但也许你在了解了对方的相关背景后，你的看法会温和一些。但这也是一种有意识的选择，正如玛拉所说："没几个囚犯拥有快乐的童年。"

了解真实的自己是什么样的人，并且拥有自信，同时尊重他人、认识到别人的重要性，这是一种能给你带来满足感的平衡。所以，分寸也很重要。有些时候，那些显得不够真诚但对他人过度同情的人，几乎没有底线，容易被人践踏。

### 动机——目的 - 行动

"动机"（motivation）这个词是由"目的"（motive）和"行动"（action）两个词拼合而成的。现在，你已经阅读了前面的 4 章，你对 8 种"线上"行为以及它们会如何在你自己和你周围的人的行为中表现出来有了更深刻的认识。现在，我们鼓励你检查你内心的动机，并采取行动让自己在"线上"生活、在"线上"领导。我们邀请你花几分钟的时间在你的日志中总结一下：你可以做些什么在你的生活中强化这些风格，以及什么样的诱因、模板和真理可能会在特定的领域中给你带来阻碍。这里有一个模板供你选用：

|  | 我能采取的让自己更有效率的 3 种行为 | 在这方面阻碍我的诱因、模板或真理 |
| --- | --- | --- |
| 第 7 章——知道"我是谁" | 1.<br>2.<br>3. | 诱因：<br>模板：<br>真理： |

| 第 8 章——知道 | 1. | 诱因： |
| "我要去哪里" | 2. | 模板： |
| | 3. | 真理： |
| 第 9 章——与他 | 1. | 诱因： |
| 人建立友谊 | 2. | 模板： |
| | 3. | 真理： |
| 第 10 章 —— 与 | 1. | 诱因： |
| 他人共同成长 | 2. | 模板： |
| | 3. | 真理： |

如果你能保持同情心和洞察力，而不是随意评判别人，并且你是真诚的，你就有更多的机会遇见成长驱动的爱。再说一遍，"助人成长"就在"同情他人"旁边，这不是偶然的，因为这两者是有关联的。如果你既真诚，又有同情心，就能设定适当的界限，并有足够的谦逊和勇气，让你能不加评判地说出重要的事实。就像玛拉说的一样："我越真诚，就越能完善我的性格，越能对这个世界产生同情心，尽管有时这似乎很奇怪！"


## 最后一个想法：眼泪

生命中的眼泪是心灵的美丽表达。在人生的旅途中，我们会体验到两种泪水：快乐的泪水和悲伤的泪水。然而，我们常常害怕流泪。男人受到的教育是"男孩子不可以哭"，而爱哭的女人则被指责为"感情泛滥"。殊不知，泪水是人类共有的一种美丽的语言。

眼泪道出了我们内心深处的声音。它们无声胜有声，可以表达我们内心的喜悦，也能解开人们的心锁。

你有没有注意到，当一个人取得了他们通过不懈努力才换来的成就、赢得了金牌或者得到了赞扬和认可时，他们情绪激动，甚至可能会泪流满面？这些可以是取得成就的泪水、得到认可的泪水、快乐的泪水、解脱的泪水、释放情感的泪水。是的，也有伤心的泪水、受伤的泪水、遭到拒绝的泪水、失望的泪水、惭愧的泪水、疲惫的泪水。问题是：眼泪的背后是什么？

当我们真诚地与人交往时，无论对方是我们的同事、朋友、家人还是孩子，如果对方流泪了，我们同情心明智的反应是问对方："这是什么样的眼泪，是快乐的眼泪还是悲伤的眼泪？"这给了对方一个简单的切入门，让对方愿意透露自己的心声，说出真正发生在他们身上的事情，而不是让我们去胡乱猜测。史蒂芬回想起二十五年前一个让他顿悟的时刻，当时他在指导一个人，对方突然哭了起来，说："非常感谢你的反馈，我感到很欣慰！"这时他才意识到，原来泪水并非只有一种。

让我们勇敢地互相关怀，就像我们勇敢地指导他人一样，即使生活有时会带给我们各种混杂的情感、让我们心中五味杂陈。当人们在你面前哭泣、坦露他们的内心时，这是一个绝佳的时机。给予他们真正的关怀，可以帮助他们弄明白，在他们的成长过程中发生了什么。心是通过眼泪说话的，如果你能让人们说出内心深处的想法，即使他们是在流着眼泪诉说，你也是在真正地与他们交流。

# Chapter 11 >>>
# 建立"线上"的工作文化

如果你和休见了面，并和他相处一个小时左右，那么你会发现，他可能不是你想象中的那种能够号令千军万马、带头冲锋陷阵、激励和鼓舞 8000 名公司员工的人。他性格内向，不喜欢当众发言。因此，他被任命去管理一家已经衰落了十年的餐饮公司，并助其实现品牌转型的消息，可能会让不少人感到惊讶。然而，在过去的几年里，他和他的团队让这一原本即将消失的品牌成功实现了转型。菜品、菜单和餐厅装饰等有形要素的改变，让这一品牌给人焕然一新之感，公司正在夺回市场份额。但它并不是他们如何走到现在这一步的全部故事。

那么，到底发生了什么事呢？

休担任 CEO 后马上看到的是，首先必须改革有害的企业文化。这种文化已经变得如此"线下"、如此僵化、如此死气沉沉，需要一场彻底的变革，必须有人冒风险去改变它，于是休这么做了。

他看得出来，有的员工担心改革会带来更多的经济损失，有的员工担心可能会失业。有些心高气傲的员工不想被别人认为公司表现如此糟糕，他也负有部分责任。这些想法导致他们无法履行好自己的职责。经理们试图控制员工的一切行为；办公室里相互指责、躲闪回避的政治斗争愈演愈烈；无效的决策导致做每件事都要花上两倍的时间；领导者忙着应对一个又一个危机，快被逼疯；许多员工心不在焉，整天低着脑袋，只在领工资时才露个面，其他的事能不做就不做，因为他们认为公司随时都有可能倒闭；那些表现出色、才华横溢的人都被猎头挖走了。

一个讲究礼貌、说话轻声细语的领导，该如何纠正这些消极的企业文化呢？休博学多才，受过良好的教育，他的个人价值观和行为都是受谦逊和爱所驱动的。我们一见到他就在他身上看到了这一点，不久他就接受了这个棘手的新职位。这些原则帮助他成长、取得成就，超越了他自己的恐惧和在聚光灯下的不适心理。

受爱驱动的"与人交往"和"同情他人"，让他明白员工需要得到关心、支持和鼓励。员工需要对公司重建信心，但要想他们积极参与，领导者需要表现出对员工的信任。

休谦逊而有勇气，能坚持做他认为正确的事情，且暂时不去考虑公司当前的财务需求。他知道自己是谁，也知道想把公司领导成什么样，他想和大家一起重振公司，而不是无视他们、忽略他们。他率真、坦诚，带着一种自信，尤其是一种对个人成长的渴望。休传达了这种真诚、坦率、渴望学习和提高的心态，并以此在公司内营造积极的氛围。

那么具体来说休做了什么呢？每周他都会与公司的各位领导开一次碰头会，公开公司的最新财务数据，并宣传一些鼓励他人的事迹，比如，哪家餐厅扭亏为盈了，哪家餐厅拥有优质的客服，等等。他是一个优秀的拉拉队队长，他沉着冷静的指挥和鼓励他人的消息给人们带来了希望。在整整一年的时间中，每逢周三的晚上，他都会去公司 300 家餐厅中的一家，和那里的员工一起当服务员。他想了解他们的工作是怎样的，对他们来说最困难的是什么，与顾客互动是什么样的，以及哪些制度和体系是绊脚石。他观察那些员工，模仿他们的一些可以作为全公司表率的行为，然后与其他领导人分享他的经验。（在第一个晚上，他收到客户的小费时兴奋极了，因为他感受到了这些员工在表现最佳时的感受。）

休知道，为了取得成效，他和员工需要变革所有的商业惯例行为，包括产品、服务、门店装修、菜单、制度和员工体验过程。他知道他需要员工工作时全身心投入，而卓越的领导力和优秀的企业文化就是切入口。他就是这样着手去做的。

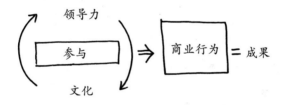

他努力使人们摆脱对失败的恐惧，以加快制定决策和付诸行动的速度。他半开玩笑地说："让我们试试新的做法吧。如果不能奏效，反正我们可以回到老一套！"然后他严肃地说："如果这样做行不通，我们会另外想办法。"出了问题时，他不会说难听的话或惩罚别人。他有同情心，但更着眼于迎接挑战和迅速收到成效。他会说，"我们来聊聊，这是怎么一回事"。在聊天过程中，他会仔细听别人发言，看看他们能从这次经历中学到什么。虽然他必须克服自己对当众发言的恐惧，但他的真诚和正直使他成为一个更有影响力、更能鼓励他人的演讲者。他发自内心地相信公司、相信员工，因此他能够与员工们深入沟通，发掘他们真正的才能。

我们的朋友、作家汤米·斯波尔丁会说，一个"向心领导者"才能看到公司最需要什么并创造它。休让人们感到安全、有希望、他们得到了关心，因为和那些常常表现出"线上"状态的人相处，就是这样的感觉。因此，人们信任他，希望与他一起努力，重振品牌。公司所有员工全身心投入工作，对工作的热情大增，这足以证明他领导的变革取得了极佳的成效，而令人难以置信的经济效益正是由此得来的成果之一。


## 从等级制度到伙伴关系：新一代的领导风格

你是否考虑过，作为一个领导者，你正在创造什么样的能量和精神？你是否考虑过作为一个人，你正在创造什么样的能量和精神？2000 年，在澳大利亚墨尔本新闻俱乐部，有人问纳尔逊·曼德拉，他最崇敬二十世纪的哪些领袖。曼德拉坚定地回答道："不是领袖不领袖的问题，是人的问题。一个人做了一些事情让一个普通人感觉到，'我是一个人，我有未来。我在上床睡觉时，感觉自己充满了力量和希望'。"我们每个人都有能力成为这样的领导者，用心去帮助我们的兄弟、姐妹、孩子、邻居、打网球的伙伴、街角小店的老板、公交车司机，让他们感到人生充满力量、充满希望。

对于我们的祖父母来说，良好的职场文化可能是这样的：一群人默默地工作，完成任务，遵守规则，在规定的时间打卡下班。旧式的领导是建立在以骄傲和恐惧为特征的等级制度上的。然而，在我们今天生活的世界里，价值是建立在以谦逊和爱为特征的伙伴关系上的。

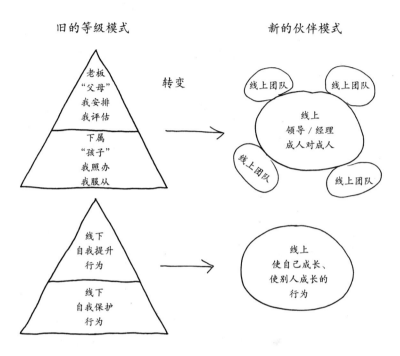

工业革命是建立在一种等级制度上的，这种模式的前提是：我是老板，你是下属；我安排，你照办；我评估，你服从。在这种模式下，员工可以这样工作：除了完成一系列任务，他们不需要进行任何思考。这就是受我们所说的受"父子文化"驱动的生产线思维模式。现在我们的社会已经趋向成熟，婴儿潮一代想要掌控，千禧一代想要联合。盖洛普公司的一份近期调查报告总结道，千禧一代想要的东西，和上一代没什么不同：生活美满、工作充实、每周工作30多个小时、雇主发放固定工资，但他们也想要"参与"（情感上、精神上、行为上）进来，他们想要高水平的幸福、有意义的生活、活跃的团体和社会关系。

现在这一代人都受过高等教育，所以"我们"和"他们"之间的差距已经消失了。事实上，你可能会发现自己处于这样一种境地：比你年轻的人对某一事物的了解，远远超过你这个领导。他们精通那些新概念和新科技。（需要学新的软件吗？去找离你最近的青少年，问他就行了！）这些等级之间的差距已经被打破了，但是一些人仍然试图用老办法来管理公司。如果我们转向一种伙伴关系模式——在这种圆周式的关系中，我们一起筹划、一起行动、一起评估，那我们就可以调动年轻人的所有能量，激活他们的想法、观点和知识。

事实是，"线上"文化消除了代沟的困扰。不同年代的人对"线上"行为的理解或关联度可能略有不同。然而，除了这些差异，我们并没发现代际之间有其他真正的区别，因为每一代人都需要真诚可信的、乐于改变的、值得信赖的、追求成就的人。现在，企业不需要考虑满足不同代人的需求了。当你在"线上"时，你就是在关注基本的人类需求。

现在，高效的领导者通过营造安全的工作环境来给企业注入活力，这样就可以让员工在激烈的辩论中表达他们的意见和观点，而不用担心受到惩罚。在健康的企业文化中，"线上"的领导者会谦恭地迅速承认任何错误的决定，并且与他们的团队一起进行评估，然后敏捷地扭转局面。毕竟，企业自己不会创新，会创新的是人；企业自己无法起死回生，能让企业起死回生的是人；企业自己无法引领文化，企业的领导者才能引领。

## 你离不开文化

问题是：你离不开文化。任何一个企业、一个家庭、一个体育队中的三个人，都可以构成一个动态的团队，文化也就形成了。从最基本的层面来说，文化是某种东西生长的地方。在健康的文化中，有些东西会长得很好。在不健康的文化中，有些东西就不能充分发挥其潜力。一旦有毒的杂草出现了，健康的文化就会变得脆弱、不可持续，最终走向死亡。文化和人本身一样复杂，有时也令人困惑——它因受无数内部和外部因素的作用而形成、发展并被影响。

## 什么创造了文化

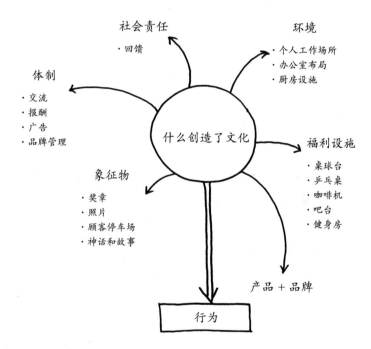

这张图展示了文化的不同方面，但我们关注的重心是行为。在过去的几年里，你可能见到不少公司花费大量的时间和精力，试图通过办公室装修、奖金、聚会、团建、台球桌、咖啡吧来建立有吸

引力的企业文化。所有这些点子都很不错，但是如果企业职工的行为不在"线上"，那么这些诱惑很快就会失去它们的光芒。我们这代人比以往任何时候都更精明、更愤世嫉俗，看穿了那不过是在用钱收买人心。与此同时，我们渴望在工作环境中获得更多的意义和真正的交流。

如今，世界各地的企业领导者和经理人都将文化建设视为公司的关键绩效指标。但对很多人来说，这好似天方夜谭。"我上大学是为了成为一名工程师、律师、会计，不是做一名心理学家！"推动企业文化发展好像是没事找事：多年前，它根本不在我们的日程安排中。即使存在，也不过是确保冰箱里放满了供周五度过欢乐时光喝的啤酒。有的公司不断地改变员工做事的方式，以期重建企业文化。然而，如果没有长期的愿景，也缺乏创造勇敢无畏的、以荣誉为导向的企业文化的意图，这一切都可能只是徒劳的挣扎，只会造成混乱的局面。


## 成与败：公司 CEO 谈文化建设

那么重要的问题来了：为什么一家企业要投资企业文化和人才培养呢？它到底有什么用呢？如何培养你的员工才能达到你所追求的积极效果？（是的，实际上是三个问题，而不是一个。但这些问题都指向同一个方向！）

我们问了 6 家客户——休、一位全球公司的 CEO、几位全国公司的 CEO，还有几位来自知名企业的首席隐私官——通过上段文字中提到的三个问题，想了解他们在培养企业文化和员工方面的心得。这些领导者都曾运用"线上"法则，带领他们的企业经历转型的过程。他们每个人都看到了员工保留、利润增长和客户满意度提高等实际效果。我们想知道，他们最初为什么要踏上这段旅程？他们是如何着手去做的？他们看到了什么成果？他们一路上都得到了什么教训？为了保密，我们隐去了他们的真名。

### 第一个问题：为什么你们要年复一年地投资公司文化和人才培养？

我们所有的客户都说，健全的流程是一方面，但执行完全取决于人——他们的心态、态度、团队合作和支持。这6位领导者都表示，他们想要的是这样一种文化：在这种文化中，所有员工都会感觉到自己得到了支持、被赋予了权力、拥有发言权，因为有动力的人通常效率更高，需要的监督或指导更少。露西解释道："技能和能力确保我们能完成任务，但完善性格确保我们的所作所为能在商业环境中激励和鼓舞人们。"

休补充说："人们一直对崇高的价值观和公司的使命宣言持怀疑态度，这些实际上是高层领导的个人信仰。我们想要建立一种能深入群众、让他们受益的价值观。我们行业的薪资水平是社会中最低的，所以我们有责任创造一个美好的工作环境：让大家感觉自己受到了重视，自己有充足的个人和职业发展机会，并且在生活遇到难关时能得到支持。我们也需要强大的企业文化赢得争夺人才之战，让留住和吸引最优秀的人才变得更容易。"

谢恩分享了他担任 CEO 二十多年的经历。"对于我们来说，这是在企业发展过程中一个非常特殊的时刻促成的。在我的家族企业发生了一些破坏性很强的事件之后，我决定评估一下企业文化。那段时间，我负责处理员工离职率高的问题，发现了一些影响恶劣的流言蜚语和操纵行为，也发现了一些反对意见和团队互动差的其他表现。我真心希望我们的品牌能家喻户晓。因此，我们进行了一次文化调查，糟糕的调查结果令人震惊。于是，我们在经营方式上做出了一些改变。一些即时做出的重大变革，解决了一些明显的问题，而另一些变革措施还需要审慎调研、深思熟虑。我们继续废除一些制度和做法，这些改革花了几年的时间才完成。从此，我们每年都会测评企业文化，不久前我们刚做完第二十年的企业文化调查——每年我们都会评估我们的损益表和企业文化。我们决定，以后每年都测评企业文化，这源于我们的雄心壮志——我们想成为一家家喻户晓的企业。"

### 第二个问题：据你所见，你们的企业取得了什么成果？

谢恩的故事非常鼓舞人心，他们取得的是实打实的成果。"数字是不可否认的。在第一次文化调查之后的几年里，员工流动率下降到 20% 以下（在此之前，有时会超过 50%），这让我们进行变革更加容易。因为收入和利润增长强劲，我们以数百万美元的价格收购了我们最大的竞争对手。那是一段很有意思的经历。我们全新的建设性文化，与我们竞争对手的那种攻击性极强的文化是冲突的，而他们的劲敌现在成了他们的主人！我们的竞争对手取得的成功，是由不惜一切代价取胜的心态驱动的，即使是各家分公司之间也相互作对，从不质疑领导或主管的判断，甚至在开溜时互相包庇，这是一种'我们'对'他们'的对立心态。这对我们来说完全是陌生的，所以两种文化的融合并不顺利。第二年，我们的文化成果出现了明显的倒退，我们为此付出了代价。员工不满情绪加重，离职率飙升。但随着时间的推移，大家更信任彼此了，我们的企业文化保留了下来，并渗透到新的业务部门。两年后，企业文化调查的结果又开始好转了。这次收购是一个巨大的成功，对于我们来说，真正改变了游戏规则。"

露西也分享了类似的经历："我们的生意也遇到了困难，对于我们来说，最重要的成果是能够在那段时间里吸引并留住人才。除了不利的经济局面，我们还经历了领导层的大换血。我们建立的文化能够让员工受到激励和鼓舞，虽然我们的市场份额在减少，但是凭借我们的员工和企业文化，很明显我们又夺回了市场份额。我们推出了多种不同类型的学习计划，为我们构建企业文化提供了基本框架、共享语言和测量标准。员工参与度的提高转化成了销售额的增长，提高了员工保有率。"

休认为："目标一致、同甘共苦、对一线工作保持热情是至关重要的。从我个人角度来看，无数的同事评论说，这些项目不仅改变了他们在工作场所的行为，而且更广泛地影响了他们的生活，包括他们与家人、朋友的关系。这两种结果都符合我们高层领导团队的共同目标：创建一家盈利的企业，同时，为各级同事提供一个环境，让他们感觉自己受到了尊重、得到了培养、拥有成长空间。"

海登补充说："我们的员工流动率比较低，所以我们能够进行内部晋升——大部分人才都是从公司内部提拔的，大大节省了招聘和培训成本。我们也看到了关心公司的员工、高客户满意度、一个更扁平化的组织结构。我们的营业收入不断增长、净利润可观、资产负债表令人满意。"

对他们现在看到的职场氛围，安东尼提出了一个很有意思的观点："我知道，这听起来很矛盾，但我们的经验是，既然我们有了强大的企业文化，大家就会对彼此有更高的要求。大家关注问题本身，而不必尴尬地纠结于我们是否会冒犯别人，或者别人是否会误解我们。大家讨论的是显而易见却容易被忽视的问题，没有什么流言蜚语。如果大家知道另一个人不是来表现自己的，或者来搞破坏、抢功劳的，那么双方可以开门见山地讨论眼前的问题。我们显得更加真诚，当我们批评别人做得不够好时，我们可以说出真话，因为对方知道我们并没有恶意，只是真心希望取得最佳成效。员工们都能在别人成功的基础上更上一层楼，而不是不理会或搞破坏。我们的会议将更有效、更有用、更有力，决策是通过讨论后做出的，我们能迅速承认和改正错误。我们变得更加创新、更加灵活了。"

### 第三个问题：你是如何着手创建"线上"文化的？

我们的最后一个问题可能和你现在想的一样：你们是怎么做到的？

谢恩分享了一些很棒的经验。

"首先，我们整个领导团队进行反思，弄清容忍了什么，奖励了什么。由于我们当时正在应对一场文化危机，我采取了一种更激进的方法——我解散了我们的领导小团队，他们中的每一个人都表示愿意回到原来的岗位，重新申请加入原来的团队，或者离职走人。原来的团队中没有人回到领导团队。仔细想想，他们工作能力都不差，只是没有领导团队的能力。他们会坐上这样的位置，是凭借他们的技能和资历，但在创建企业文化和人际交往方面经验不足。这是我的错，不是他们的。这样做的效果不错，对于他们来说，被人领导要比领导别人舒服得多，而且他们能接触新的公司文化。而我从头开始，重建团队，在招聘人才时考虑了文化因素。

"在领导层大换血的同时，我们向整个公司公布了调查结果。我们和每个人都讨论了结果，包括我自己也坦承了我的职责所在和缺点。我们需要改变那种认为'公司总部会做出一切日程安排，但也有不可告人的秘密'的看法。我们必须诚实一点儿，先从我自己开始。

"此外，我们还做了许多其他的事情，消除那些容易招致错误的制度，以及不能给我们的发展方向提供支持的方针和做法。一些既定的惯例受到了挑战，如果它们不能为我们服务，我们就废除或更换它们。

"我们的薪酬和奖励制度也从赢/输变成了赢/赢。我们再也不设只奖励第一名的奖金了，将关键业绩指标奖设置为金奖、银奖和铜奖。我们希望所有人都能获得金奖！团队之间的思想共享越来越多。

"我们还研究了客服方面的问题。我们取消了一系列没有实际价值，却让我们的员工与客户难以沟通的一些收费。这些业务规则足以告诉我们的员工，我们是一家什么样的公司。

"除了这些可以轻松实现的目标，我们还分析了我们的业务模式，寻找阻碍我们前进的根源。我们兼收并蓄，尝试了不同的方法。比如，我们进行了路演式的小组讨论，并且寻求书面答复；我们还开会讨论公司文化，这些会议是由员工组织和主导的。"

露西总结了他们的方法："与企业的总经理合作，形成自上而下推进企业文化发展的动力。我们的方法是由内而外，我们这样做是因为我们相信，我们只有和员工心连心时，才有可能实现高效的领导。我们将其定位为对个人成长的一种投资，目的是促进成效，因为我们如果这样做了，就会让员工以最好的状态投入工作。

"性格好的领导人也有信心在充满不确定性的时刻做正确的决定，这在我们的地处非洲的分公司中是经常发生的，非洲是我主要负责的区域。通过领导力发展项目，给领导者留出足够的时间来反思自己的性格及行为表现。正是这种言行一致让直接下属信任我们、尊重我们。其结果是，即使遇上了困难时期，员工也愿意继续追随我们。

"最大的教训是要确保语言成为企业 DNA 的一部分。把它当作一次性的项目，并不能让公司获得长期的成功。现在，性格测评已经深入到员工定期能力测评的每个方面——包括个人成长对话、绩效评估和人才培养方案。"

休分享了他的经历。

"在我的领导团队中，我们奉行这样一句话：不要责怪他们，要培训他们。这就是我们工作的出发点。我们从公司内部挑选员工，让他们参加个人成长项目。员工们越来越相信我们，他们相信开设这些项目是为了促进他们成长，而不是为了评估他们的工作，好的势头开始出现。员工们的热情、能量、积极性正在整个公司中快速传播。经理们捕捉到这个信息，并把它带到了一线。

"在我们形成了动力，并学习了这些法则和'线上''线下'的通用语言，理解了 16 种行为后，我们采用了比较激进的方法。我们是这样做的：（1）以建立'线上'的企业文化为目标；（2）对公司业绩前 500 名的员工（包括餐厅经理在内）进行年度测评，据此来评估我们的企业文化，并将测评结果作为员工个人成长项目和培训项目的依据；（3）将总体的测评数据作为关键的绩效指标，使文化可以测评，并且更易于管理。"

在安东尼的公司中，这项工作也是从领导团队开始的。

"第一，使用一个 360 度的工具，帮助那些愿意言出必行、愿意树立榜样、愿意采取建设性行动的高层领导形成自我认知。我们让高层领导讲述他们的个人经历，并定期进行个人分享，这样大家就敢于展示自己脆弱的一面。这表明，大家的情况都差不多，高层领导也和其他员工一样，在不断完善自己。

"第二，我们让越来越多的人接触这些工具，让他们获得提高自我认知的技能，并理解他们的行为对他人的影响。随着越来越多的人开始了解自己，他们会看到，那些练习建设性行为的人做得很好，并且在取得成功，一种通用语言也在形成。领导者以自己的行动证明了最后的成果远比谁对谁错、谁更资深更重要，并积极认可和奖励那些合作者，以及在团队中工作的人，还有那些首先想出好主意的人。

"这激发了员工的一种渴望：我不仅要成长为一名更有效率的'线上'领导者，而且要成为一名企业文化的积极贡献者。因为他们看到在公司的各个层面、各个方面，建设性的互动带来了多种好处。"

## 企业变革的 5 大杠杆

从这些 CEO 的经验来看，在全球范围内，企业文化似乎成了保留人才和客户、进而保留竞争优势的新前沿阵地。下一次商业革命是我们所说的"心灵革命"（heart revolution，HR 的最新定义）。若想参与这场变革，商业领袖需要一种以企业文化为中心的思维方式和一套以心为本的工具。关键是，团队内部要有一种颠覆性的思维，在危机成为变化的催化剂之前，我们应该质疑现状、有所创新。

### 重视企业文化

谢恩和他的团队已经在他们自己的企业和他们的竞争对手的企业中看到：给公司经营带来挑战的事物，会改变公司的经营状况。然而，大多数企业行动得太晚了，无法将这些变化导向积极的一面。然而，谢恩的故事让我们看到了，有害的企业文化是如何被充满勇气和有爱的领导改变的，以及这会如何影响企业经营状况。人工智能已经出现，而且发展很快。随着网络世界的发展，每个行业都会受到影响。商务教育家马歇尔·戈德史密斯曾说过这样的话："让我们走到今天的东西，未必能让我们走到明天。"所以我们说，制定企业文化发展战略是身为领导者的职责所在。

这个策略的第一步很简单：命名你们公司的文化。你们公司关心的是创新还是荣誉？你们是以恢复活力、改造创新的能力而闻名吗？锐意进取或行动敏捷呢？通过阐明和解释企业文化的关键元素，你将为员工提供一座灯塔、一个目标。

你可以由此出发，再综合这些因素设计一个模型，结合：

· 企业代表的愿景、使命和宗旨
· 对企业文化、价值观和行为的期许
· 企业如何通过学习和培训让员工成长的计划

你的领导团队是否正在锐意进取、创建一家商业上成功的企业，同时，为各级员工提供一个环境，让他们感觉自己受到尊重、得到培养、得到成长？你能看到这些吗？考虑到许多企业中的一线员工从来没有获得过这样的培训和支持，组织一次全公司所有员工参与的文化建设活动，无疑是吸引和留住人才、获得市场领先地位的一种好办法。

领导团队需要向企业上上下下的员工解释，为什么大家都需要企业文化，让一线员工了解企业文化的意义。能够确立一种基于普遍价值观的文化，并使其和企业的每一位员工挂钩，具有实际的可操作性，意味着一家企业实现了真正的成长。

### 为了管理进行评估

如果你进行了评估，你就能进行管理。或者更进一步说，在商业环境中，只有注重评估，才能实现良好管理。要衡量一家企业"看上去怎么样"，那么从财务状况到员工参与度的测评结果显然很重要。但如果要衡量"它从何而来"，文化行为——衡量企业文化——就同样重要。在进行心灵风格测评时，参与者一共需要回答我们给出的 75 个问题，才能得到测评结果。随后，参与者会看到 8 个关于测评结果的更深入的问题，并在他们的《个人成长指南》中看到所有测评结果。我们可以综合受访者提供的材料，看看"线上""线下"行为和 8 个关于测评结果更深入的问题（基于参与者的认识）是否相符。

以下是关于测评结果的其中更深入的 4 个问题的一个例子：

1. 工作效率

2. 个人成长

3. 人际关系

4. 时间管理效率

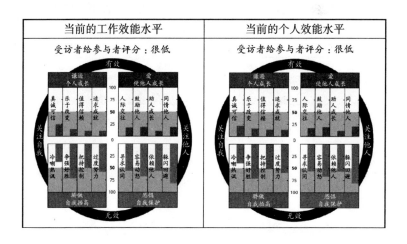

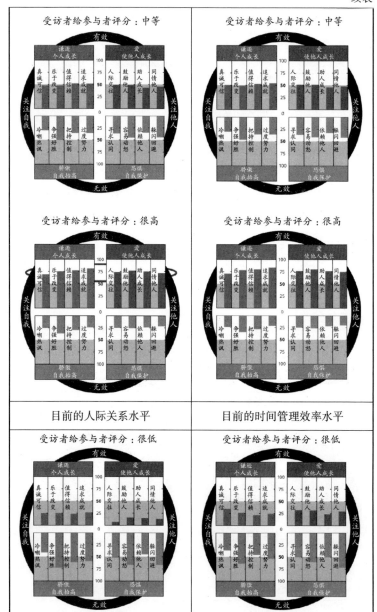

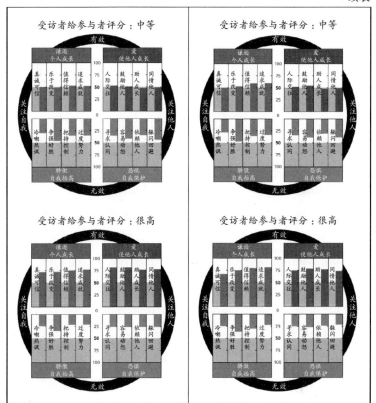

上述例子一致表明，当"线上"行为水平高时，测评结果的分值就会非常高。相反，高水平的"线下"行为往往会导致测评结果分值低。

## DNA 中的"线上"：从 CEO 到一线员工

你有没有听到过这样的谈话？

CFO：如果我们培训好他们，他们却离开了呢？

CEO：如果我们没有培训好他们，他们却留下来了呢？

要让"线上"行为渗透到一家企业的 DNA 中，需要从 CEO 到一线员工都全身心投入，每个人都承担起发展企业文化的责任，而不仅仅是企业的领导者。其重心是："如果这是命中注定的安排，那就由我来决定。"当高级管理团队谈论他们的个人成长历程，并对自身的发展机会持开放、愿意示弱的态度时，这种公信力就会形成一种"一个团队，一个方向"的文化。正如我们所看到的一样，这种谦逊不是软弱，帕特里克·兰西奥尼写道，"脆弱的本质是人们愿意为了团队的集体利益放弃他们的骄傲和恐惧，愿意牺牲自我"，他说出了重点。

　　众所周知，我们这一代人有一种愿望，甚至是一种期望：企业愿意提供个人技能培训。我们自 1987 年开创业务以来，我们的项目从本质上来说都是个人成长项目，尽管我们给它们取了不同的名称。我们已经看到，那些企业如何有意识地为员工——从高层领导到一线员工——提供个人发展，让员工对企业品牌、企业文化的忠诚度、尊重度和参与度得到提升。

　　我们都知道，行为可以是文化的塑造者，也可以是文化的破坏者。企业如果想要提高个体的参与度，可以参考我们的简单等式：

　　　　心灵（Heart）＋智慧（Smart）＝敬业

敬业的员工能推动商业行为，从而带来商业成果。

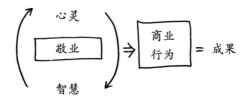

企业文化就像地心引力一样可以被预测：在信任度低的地方，人们会想方设法保护自我、抬高自我，这就是形成"线下"文化的原因。企业的政策能体现并推动企业文化，而培训计划本身不能也不会消除这些影响。当人们转向"线上"行为时，信任度会提升；当信任度提升时，人们也会转向"线上"行为。关键因素是一致性，一种带来主人翁意识和奉献精神的可持续的信任（正如休的故事所示）。

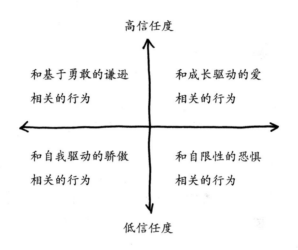

为员工指明人生方向的投资，也是对提高他们驾驭人生的能力的投资。促进心理健康、幸福和增强适应力已经成为当今职场内容的重中之重。我们期望员工除了生活，就投入他们的工作，但是有效应对起起落落、从挑战中恢复过来的能力，对于生产力来说很重要，而且对于处理繁重的工作、应对让人讨厌的同事而言，也是一种很重要的职场能力。据说，那些具有更强适应力的人能够更好地应对压力，而压力是导致焦虑和抑郁的一大风险因素。适应力强的人也比较灵活，能够适应新的情况，从经验中学习，乐观向上，并能在遇到困难的时候积极寻求帮助。这些都是让人们在人生的各个领域更有效率的"线上"行为。

### 制度和实践

在休的公司中，他们改变了许多制度和程序，以鼓励出现更多的"线上"行为。各个餐馆的业绩排名表被取消了，经营实践不再那么受控制驱动、寻求认同了，向领导团队汇报时用的公式化的 PPT（PowerPoint，演示文稿软件）述职报告被更实用高效的单页报告取代了。在他们的新文化中，奖励机制也特别重视"线上"行为。

奖励机制、信息系统、招聘机制和通信系统都会对企业文化产生负面影响。有些影响是显而易见的，但有些影响是非常微妙的。肖恩指出，他们传统的奖励制度鼓励了受自我驱动的竞争文化，就是一个很好的例子。他们对所有奖励机制进行了细致的审核，并对其进行了修改，以确保它们是受"线上"的追求成就心态所驱动的，而不是受"线下"争强好胜的心态所驱动。这种对公司体制、运作方式的细致审查，对于真正的、可持续的企业文化发展是有必要的。

正如克里斯蒂娜发现的问题一样，新的体制在一开始会带来一系列新的问题。"作为一家发展中的企业，我们仍然倾向于把挑战看作拒绝，并仍在经历寻求认可、过度努力、容易动怒的循环，直到我们转而追求成就才会有所改变。我们的企业也可能形成一种寻求'父母指导'的高度回避型文化。例如，取消过去的一些根深蒂固的核心制度，最初可能被当作一个放飞自我的借口，业绩在短期内出现了倒退。"看到业绩下滑后，克里斯蒂娜的团队采取了行动。"我们创建了更有效的新体制来减小压力，防范或减少人们的行为跌至'线下'时可能发生的不利情况。"

## 讲故事

讲故事能使企业文化保持活力——历史如何传承、风俗如何共享、传统如何在一个群体中扩散。比如，成功的故事、得到认可的故事、过去的趣事、艰苦奋斗和取得突破的故事、销售和客户的故事、个人成长故事和家庭故事。你如果回想一下现在我们可以获得的神经科学信息，就会知道我们的大脑对讲故事的反应有多强烈：电影就是一个经典的例子。（还记得在第二章中，当我们知道那只是屏幕上的一个故事时，我们的反应有多强烈吗？）当我们分享和倾听彼此的真实故事时，我们的反应更加强烈！这些故事让大家都成了企业共同历史的一部分。

分享一个不错的做法：留出时间分享重要的个人故事和职场故事。我们的一个团队把这称为 RQ（relationship quotient）——人际关系商。这个活动可以在团队午餐时进行，这样每个人都有时间分享自己的故事。在讲故事的过程中，你必须真诚坦率！我们需要这样做，然而我们过去流行的工作文化未必允许我们展现自己谦逊、脆弱、爱他人的一面。当首席执行官和所有高层领导让自己和身边的每个人都变得真诚、坦率、富有同情心且有目的地推动工作发展时，企业文化就会改变；每个人都可以成为真实的自己，无论在哪一方面，它的力量都很强大。

当我们快写完这本书的时候，与我们合作了超过二十五年的一家大公司的首席执行官即将结束他的职业生涯并退休。我们给他开了一个欢送会，他分享了下面这个挺有意思的故事。

"公司总部为我举行了盛大的欢送晚会。在发言的同事中，没有人因我为公司所做的一切而感谢我，也没有人因我参与制定的所有重大战略决策而感谢我。他们都感谢我所参与建立的公司文化、我所建立的人际关系，以及我如何关心公司上下的员工——从高层领导团队到一线工人。"

这是一个多棒的故事。它让我们想起了马娅·安杰卢的一句精彩名言："人们会忘记你说了什么、做了什么，但人们永远不会忘记你带给他们的感受。"

那些建立伟大文化和企业的伟大领导者已经意识到，商业的语言就是金钱：没有金钱，就没有商业。他们知道战略、结构、系统和成果是极其重要的，但他们也知道，他们的角色是超越任务、超越金钱的。他们非常清楚是什么支撑着可持续的工作成果——是企业文化的力量。

这些领导者知道，他们"领导之位的阴影"是沟通的能量，这种能量可以改变工作场所的气氛。他们聚焦于确保他们的意图给别人留下一个"线上"的印象，使他们能对周围的世界产生积极的影响。他们知道，如果他们能传达出"我们同舟共济"的安全感，让人们都愿意参与进来，那么他们就能信任大家，从而以一种能让公司文化增值的方式行动。这些领导者扪心自问："我们为什么要这样做，如果我们按兵不动或做出改变会发生什么？"他们试着让自己成为直升机式的领导，"飞"到日常事务之上，盘旋在公司上空，俯瞰并监管着公司运营，看他们需要在哪里降落并提供帮助。在他们的"直升机时间"里，他们可以应对大量需要解决的问题，但他们也知道，如果直升机的负担太大、太重，就会发生坠机。所以，他们会通过权力下放来减轻负担。

这些领导者懂得"超越"的意义。在商业中，我们经常受到诱惑，以利益取代目标，但勇敢的领导者会超越利益，创造心灵契约……超越追逐利润的目的，超越金钱的意义，超越随意的承诺，超越日常的命运，在人们心中产生超越薪酬的激情，超越自我的服务，超越个人主义的一致性。

伟大文化中的英雄是伟大的领导，我们有幸与许多我们尊敬的人共事，他们让我们的工作变容易了！

# 结语 >>>

人生最大的荣耀不在于从不跌倒，而在于每次跌倒之后都能爬起来。

——纳尔逊·曼德拉

在我们攀登这座"山峰"的旅程即将结束的时候，让我们再次领悟曼德拉的智慧。有时我们确实会从个人成长的山峰上摔下来。有时，这座自我意识的山峰似乎太峥嵘、太陡峭、太难爬了。然而，当另一场攀登之旅即将到来时，我们就会觉得"哦，不是又来了吧，我以为我早就处理过这个问题了"。

就像学习任何一项新技能一样，在一开始，学习"线上"的思维和行为会让人感到尴尬。这需要时间和注意力。正如我们在引言中所说，跃至"线上"对自己、对别人来说都是气度和善心的表现。给自己时间、空间和耐心，我们称之为"回到大本营"。在像珠穆朗玛峰这样的高山上建立了多个营地后，登山者们退回大本营休息，并在最终的登顶前恢复体力。

花点儿时间找到你的大本营，让自己恢复活力、减轻负担。如果今天给你的感觉像一场艰苦的战斗，那么不妨停下来，转过身，看看你已经攀爬了多远！随着时间的流逝，你越来越能看清问题的本质：究竟它对你来说是某种潜在的触发因素，还是锻炼"线上"思维和行为的大好机会呢？（每一天都充满了这样的机会！）你会发现你对自己、对他人有了更深刻的认识，这比攀登本身更有价值。

## 你正在你的心灵和大脑中安装一个新的过滤系统

你可能很熟悉这样一种现象：当你购买新的商品——一辆车、一副太阳眼镜、一台电脑、某一特定品种的狗或猫——的时候，不知为何，你开始不断看到同样的东西，无论是在你的社区附近还是在工作场所附近。之所以会出现这种情况，是因为你的大脑过滤系统会寻找熟悉的事物。（又是那个边缘系统！）许多开启了"心灵风格之旅"的人告诉我们，他们觉得，现在自己的大脑和心灵中有了一个全新的过滤系统。他们开始在自己身边的人身上（有时也在他们自己身上！）看到那些真诚可信、值得信赖的行为，或者那些把持控制和躲闪避免的行为。日复一日、月复一月、年复一年，透过心灵风格过滤器来看人生、看世界，能帮助他们更好地了解自己和他人的行为风格，发现"线下"和"线上"的行为，发现因做出新选择而改变自己的人生和周围的人的机会。一旦这个过滤系统开始工作，我们就更容易做到这些。

形成一个精密的过滤系统需要时间和耐心，需要我们一步一步往前走，并且相信过程的力量。尽管我们需要面对挫折、错误、失望和现实生活，但我们会发现最好的自己、我们真正的自我。相信过程、相信自己、相信我们的潜力，我们可以变得非常了不起！

成功并不是终点，失败也不是末日，最重要的是继续前进的勇气。

——温斯顿·丘吉尔


## 你人生中的真正巅峰

在登山界中，有一种术语叫作"假顶峰"。当你向山顶攀登时，从远处看，它似乎是山顶——你的终极目标。但随着你越走越近，你最终会发现，它实际上只是一座较低的山峰，并不是你真正想要登上的顶峰。你的希望破灭了，你可能会感到绝望，甚至丧失继续攀登的意志和决心。

如果你的梦想、目标、愿望和抱负基于谦逊和爱，它们就会带给你快乐、满足和成就感。如果它们根植于恐惧和骄傲，那么你永远不会感到满足。它们会引诱你，但只给你短时间的满足，让你永远想要得到更多。

有时，你会问自己："我来到这个世界上，到底是来干什么的？"我们鼓励你把心灵放在人生真正的顶峰上，我们是爱的产物、因爱而生。这就是我们的心中有隐藏的天赋、才能和黄金的原因。我们之所以出现在这里，是为了让这个世界变得更加美好。我们是来解决问题的，而不是成为问题的一部分。当我们寻求智慧时，我们能够产生积极的影响，并在我们身后留下一笔遗产。

许多经验丰富的登山运动员，尽管他们技术高超、知识渊博，但他们还是不幸丧生了，并长久地留在了那一座座山上。有些人在登山时丧命完全出于偶然，而另一些人则是由于缺乏智慧，因为在他们心中，受自我驱动的骄傲占据了上风。

在山顶上，你要训练你的心灵去倾听，训练你的心灵去接受，训练你的心灵不要轻易生气，训练你的心灵去寻求智慧，形成内在的人格力量。

当我们心中充满谦逊和爱的时候，智慧就会告诉我们答案。以理智主义的精神是听不到智慧之歌的，因为理智能刺激思维，但不会触动心灵。相反，谦逊的心能听到智慧之音，其副歌是："不能全怪你！"智慧会引导你发现真实的自我，获得你想要的东西。当智慧赢得你的心时，你会得到启示，真正的快乐会进入你的灵魂，你就会因此过好自己的人生。"启示"（revelation）就是"揭示行动"（reveal-action）。对于领导者来说，智慧将赋予你明智的策略去做出成就、去解放心灵、去爱其他人——你的企业、你的家庭和你的社区——以帮他们实现他们的目标。

## 你心灵的四季

生活有时是多么令人困惑，充满了起起落落。然而，在大多数时间，智慧让我们能够回顾人生中的起起落落，看到其中的美好，以及它们给我们的教训。不管你懂得多少，不管你年龄多大，不管你拥有多少财富、有多成功、有多幸福，你仍然要经历人生的四季。正如自然界中有四季轮回一样，人生也有这样的轮回。

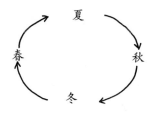

　　夏季是人生中最明媚的时光，一切都是那么顺利。在那一刻，阳光照耀着我们，似乎这样的美好将永远继续下去。但正如我们所知，我们的生活会出现变化：我们会换工作、结婚、生子、搬到别的地区或国家。如果我们把工作做得更成功了，我们就会经常出门，也许，这会破坏家庭或人际关系。我们升职了，公司重组了……生活中总会发生一些我们没有预料到的事情。有时候，我们不想承认季节的变换，只想永远留在夏天，但我们即将进入人生的秋天。

　　当你觉得一切都掉进了一个黑洞的时候，你人生中的秋季就到来了。而在不久之前，一切都是那么顺利！事实却是，生活总会发生变化。有一天，我在伦敦海德公园散步时，突然意识到，所有停下脚步拍摄美丽的红叶和黄叶的人，实际上在欣赏一种即将逝去的事物，然而这种生命的死亡却带来了惊人的美。人生四季的变迁也是如此，每时每刻，都有事物正在消逝。人的态度会变，一切机会、项目和人际关系，都有结束的一天。作为人类，我们未必总能看到其中的美。我们往往认为，这是令人痛苦或沮丧的事。然而，如果试一试，我们就可以看到，季节的变换不仅美丽，而且有益：有值得拍照留念、值得让你记上一笔的东西。

　　冬季是"结茧"的季节，会让人感到黑暗和压抑。即使是那些深爱滑雪的人，冬天也更喜欢待在室内。而在我们人生的冬季，我们会走进自己的内心，因为我们正在经历变化。毛毛虫在变成蝴蝶之前，结茧的这段时间，可能是黑暗的，但如果我们相信这就是一个过程，我们便可以在冬季保持宁静平和。如果我们对这一变化和发展的过程缺乏信念，我们就会觉得压抑，所以要对自己好一点儿：提醒自己，这只是一个季节。当你破茧而出时，你就会变得更强大。记住，你有你的价值——如果你把两张 20 美元的钞票拿到银行，虽然一张是簇新的，而另一张磨皱了，但这两张钞票的价值是一样的。当你经历人生的冬季时，也是一样的。春天和夏天快来了！

春季是我们能看到好事发生的时节，尽管可能只是一些微不足道的小事。在此之前，我们困守在漆黑的山洞里，那里黑得伸手不见五指。但是，就算火柴或手电筒发出的最微弱的光，也有划破黑暗的力量。所以，你要试着去寻找微弱的希望、微弱的光芒和细微的成长。你可能会在淋浴时突然得到启发，突然之间，你的思想中出现了新的萌芽，开出了美丽的花朵。淋浴时冒出来的一个点子，梦中出现的一个想法，朋友的一句鼓励的话，一份工作或一个工作机会，都会给我们带来新的希望。而就在上周，除了寒冷的冬季，我们却什么也没有得到。这是多么神奇！

然后，下一个季节到来了。我们又迎来了夏天。


## 站在人生天际线上

失去金钱的人，损失惨重。失去朋友的人，失去的东西更多。失去信仰，就失去了一切。愿你们继续对什么人或什么事抱有信心。

——埃莉诺·罗斯福

将恐惧转化为信仰，会给你一种超越自我的力量。出现"线下"行为的原因是缺乏信心。我们有这样一个想法：如果不能降服于某一种更高的力量，那么我们可以将世界、宇宙和我们的思想缩小成我们的自我，而那是一个很小的地方。

> 我们不是有灵性体验的人类：我们是有人类经验的灵性存在。
>
> ——皮埃尔·泰亚尔·德·夏尔丹，法国哲学家
>
> （1881—1955）

有时，我们的内心会做出让步，越过边界线，顺从于信念——对谦逊和爱的信念、对产品或服务的信念、对人的信念、对团队的信念，对支持我们的家人和朋友的信念。我们也希望你能找到自己的精神信仰——那是一种对更高力量的信念，你会把你的心交给它。这个终极的臣服之地也是超越知识的终极宁静之地。

和你一样，我们俩都有许多人生经历，现在仍在经历人生。我们都走在人生的旅途中，所以我们犯过错误，并能从中吸取教训。我们都很幸运，找到了自己的信仰，依靠我们的信仰生活，每天都臣服于它。最重要的是，当人类"线下"的恐惧和骄傲来欺骗、俘虏我们时，我们可以跃至"线上"，甚至站在人生天际线上。（因为我们也是人类，有时需要痛下决心才能做到！）

记住，只有在我们的下一个"线上"时刻出现时，我们才会有骄人的表现。所以让我们张开双臂跑向它吧，拥抱我们自己，拥抱我们的成长之旅！


## 来自一位朋友的信息

我们的一位亲爱的朋友，他曾经花了很多时间来帮助我们研发

早期的心灵风格体系。他在 52 岁的时候死于胰腺癌。在我们写到这里的时候，他去世已整整十年了。在我们的朋友离开人世之前，我们请他写过一份值得我们铭记的箴言录。为了向他致敬，也为了传递他的智慧——他留下的精神遗产将通过这本书永存，下面就让我们与你分享这份箴言录。谢谢你，菲尔。

1. 我们每时每刻的呼吸，就是生命的自由呼吸。

2. 试着拥抱美好的日子和糟糕的时刻。人生苦短，哪有那么多不顺心的日子。

3. 少说几句反对的意见，因为你永远不知道你需要多长时间来纠正它们。

4. 倾听你在乎的人的声音，因为他们的人生旅程和你的人生旅程一样重要。

5. 与你在乎的人分享秘密，因为他们需要倾听你内心的声音。

6. 不要辜负别人对你的鼓励。

7. 无论何时，关注少数重要的事情，而不是大量无关紧要的事情。

8. 记得感谢那些关心你的人。

9. 花时间陪伴对方，一起嗅嗅玫瑰的芳香、看日出或日落。虽然它们每天都会出现，但它们每天都不一样。

10. 以你喜欢的方式，为你的妻子、丈夫、家人或朋友祈祷。

11. 在任何情况下都要关怀人的心灵，因为只有当别人知道你有多在乎他们时，他们才会在乎你说的话。

12. 试着穿上别人的鞋子走上一天，当你穿回自己的鞋子时，你就会觉得这双鞋舒服多了。

13. 当你试图解决一个问题时，你试着换一种思维方式去寻找答案。

14. 伤口愈合了，并不意味着你忘记了；这只意味着，伤口不痛了。

15. 不要穿着别人的铠甲去战斗，活出你自己的人生。

16. 我们很容易沿着错误的思维方式思考下去，但是请记住，无论你走错了多远，上苍都会与你同行。

17. 帮助我改变我的未来，这样我就不会重蹈覆辙。

18. 我们输掉这场战斗是因为：我们认为我们输了。停下来想一想，赢得这场战斗会是什么样的感受。

19. 感谢的话永远不会嫌太多，但发自内心的感激，是语言无法表达的。

20. 不要多想，赶紧去做。因为等你把想法付诸行动的时候，不可挽回的时间已经溜走了。

聪明的人啊，用心灵去生活，用心灵去领导，活在"线上"，超越那条线，站在人生天际线上，让自己变得更好，让我们周围的世界变得不同，让我们一心一意、全心全意去这样做。

# 致谢 >>>

感谢汤米·斯波尔丁——感谢你真心希望看到我们把工作内容整理成书，感谢你把我们介绍给你的经纪人迈克尔·帕尔贡。谢谢你为本书撰写推荐序，最重要的是，感谢你用你的书《用爱去赢：向心领导力》为我们带路。

迈克尔·帕尔贡——我们（勇敢的！）的经纪人，感谢你在写作和出版这两方面，真诚指导这两位澳大利亚新手。

拉里·毕晓普和萨利·科勒——我们的代笔作家。如果没有你们，我们不可能完成这本书。感谢你们对我们的耐心，感谢你们用心处理这么大的主题，还要同时面对两位新手作者！谢谢你们相信我们所做的事情，因为你们已经加入了我们。

霍利斯·海姆布赫——感谢你相信这一理念，看到了它将如何帮助人们变得更好，并将初次出书的作者引荐给哈珀·柯林斯出版集团。生活在伦敦的澳大利亚人未必事事顺风顺水，可你仍然相信我们带来的信息是全球性的。谢谢你！

史蒂芬妮·希区柯克——感谢你满怀激情地投入这本书稿中来，编辑并提出版式方面的建议。在让这个梦想成为现实的过程中，你是多么棒的合作伙伴。

感谢我们的客户——在过去的三十年里，有很多客户值得我们感谢，包括以前和现在的客户。然而，当你推出新理念、开创新企业（我们现在把它们称为初创企业）时，我们需要采用我们这套理论的早期支持者的信息。我们想要衷心感谢其中的三家企业：1987年，我们的第一个客户赛克斯设备融资公司，自1989年与我们合作的肯纳德自我存储公司，自1992年与我们合作的百胜集团（肯德基、必胜客、塔可钟）。他们从我们最初的品牌"成就理念"就开始与我们合作，现今仍在与我们合作，让我们在他们的企业中培训员工、打造企业文化。衷心感谢百胜集团！感谢他们培养人的心灵，感谢他们在全球率先引进心灵风格体系，使我们的工作成果能被翻译成25种语言。这是一家用"心"领导的企业。

感谢我们客户公司的高层领导们——感谢你们是这样了不起的人，感谢你们发自内心地想要建立优秀的企业文化、培训优秀的员工，感谢你们勇敢地踏上自己的心灵风格之旅，以勇气和脆弱为大家做出了榜样。你们是真正的向心型领导。在我们向你们发起挑战、让你们走出自己的舒适区时，感谢你们的信任。看看你们现在取得了什么样的成就，看看你们现在留下了多么宝贵的精神财富！特别要感谢英国必胜客公司的首席执行官延斯·霍夫马，你是让这一理念进入企业管理的早期实践者，而且你热情的领导风格和每个人都应该得到成长机会的信念，让人钦佩。

感谢无数的参与者——你们全心全意地信任我们，并让我们与你们分享这些智慧，且反过来向你们学习。你们勇敢而热情地响应了我们为这本书征集故事的号召。你们如此大度地把你们的故事讲述给我们听，并允许我们把它们编入书中，以便其他人在他们自己的转变之旅中得到帮助。谢谢你们。

感谢我们的团队成员——三十多年来我们有过这么多团队成员。在我们出版本书之际，我们还要感谢我们当前的高管团队，感谢你们接管了公司的日常业务，让我们有时间投入写作。感谢过去和现在的所有其他团队成员，感谢你们加入了我们的事业，并热情地投入工作。我们的下一代团队成员已经凭借自己的能力成为卓越的演讲者和引导者，他们将热情、主动地与人们分享这些信息。我们知道，你们正在将我们的事业发扬光大，我们的未来、我们的品牌将在你们手中发光。安迪·里德多年来一直在向非洲各地的酋长和领袖传递这一信息，展现它那超越不同民族、不同文化的力量。

史蒂芬想说："作为一名有时会陷入'线下'状态的领导者，我也得学习我要去教给别人的东西，我深深地感激我的团队给予我的恩惠、爱、宽恕、信念、祈祷和荣誉。我向你们表示最深切的感谢。"

感谢我们那些已获认证的合作伙伴和从业人员——感谢你们热情地传达并推进心灵风格体系。通过你们，我们可以接触到千千万万的人，这本书就是为他们写的。

感谢家人们——玛拉已故的父母劳拉（妈妈）和洛伦佐（爸爸），史蒂芬已故的父母奥斯卡（克莱姆）和乔伊斯。感谢内森和塔玛拉，我们全心全意地爱着你们，感谢你们一直爱着我们，感谢你们给了我们这么多关于"线上"人生的经验和教训。对于我们的大家庭，我们希望你们的人生一帆风顺。我们"收养的"儿女们，我们爱你们。已经过世的家人和朋友们，你们永远留在我们的心中，你们的离开激励着我们在这个星球上做很多有意义的事，给这个世界带来不同。

感谢朋友们——人太多了，我无法一一列出，你们自己知道的。谢谢你们陪我们走过这么多风风雨雨，让我们知道这就是朋友的意义。

感谢其他作家、理论家、哲学家和牧师，我们都向你们学习过。感谢你们的智慧！

感谢上苍：我们生命中最让人感到安全的事实是，他爱我们，给我们无条件的爱。在我们感到恐惧的时候，我们能够用我们的心灵来感受这种爱，得到最深层次的安全感。愿爱永存。

史蒂芬想说："感谢我亲爱的妻子，你和我一起爬山，几乎爬遍了全世界的山。我们曾经冒着生命危险，紧紧抓住一根绳子。然而，你在攀登这座山峰——心灵风格——时冒的风险更大。二十年来，你年复一年、日复一日地给梦想注入了生机，你的信念让我钦佩。为了这个梦想，你投入了时间、经历、智慧、令人惊讶的天赋和毕生的积蓄，而且那些年中你并不知道，这一切是否能换来什么。将本书翻译成25种语言的工作是你牵头的，为此你付出了无数的时间。现在你的远见卓识让我们一起登上了顶峰，我们一起在顶峰看这个世界。你是我的天使，我爱你。"

玛拉想说："亲爱的，你改变了我的生活。你给了我一个家庭。你支持我，有时会拉我一把，很多时候（以一种'线上'的方式）将我推向前方，你一直在激励我成长！感谢你爱我的方式。在这疯狂的生活中，你是我倚仗的磐石、我的爱人、我的伴侣。没有什么比看到人们鼓起勇气解放自己、成为更好的自己更让人感到荣幸的了。谢谢你给我这个机会，我永远爱你。"

感谢读者们——感谢你们踏上这一学习之旅，挑战自我，成为最好的自己。如果我们都能做到这一点，我们就能全心全意地改变这个世界。